LA PENA DE PRISIÓN PERMANENTE REVISABLE
ANTEPROYECTO DE LEY ESPAÑOL

AINHOA FERNÁNDEZ-TORIBIO GARCÍA

LUCÍA GONZÁLEZ INCHAUSTI

MARINA GUTIÉRREZ SÁNCHEZ

LA PENA DE PRISIÓN PERMANENTE REVISABLE
ANTOPROYECTO DE LEY ESPAÑOL

INFLUENCIA EN LA TOMA DE DECISIONES DE LOS JUECES O
TRIBUNALES SENTENCIADORES DEL TERRITORIO CATALÁN, EN
REFERENCIA A LA POSIBLE IMPLANTACIÓN DE LA PRISIÓN
PERMANENTE REVISABLE

AUTORES

AINHOA FERNÁNDEZ-TORIBIO GARCÍA
ESTUDIANDO CRIMINOLOGÍA EN UNIVERSITAT AUTÒNOMA DE BARCELONA
(España)

LUCÍA GONZÁLEZ INCHAUSTI
ESTUDIANDO CRIMINOLOGÍA EN UNIVERSITAT AUTÒNOMA DE BARCELONA
(España)

MARINA GUTIÉRREZ SÁNCHEZ
ESTUDIANDO CRIMINOLOGÍA EN UNIVERSITAT AUTÒNOMA DE BARCELONA
(España)

GRUPO CRIMINOLOGÍA Y JUSTICIA

CRIMINOLOGÍA Y JUSTICIA EDITORIAL

E dñ.

La pena de prisión permanente revisable: Anteproyecto de ley español
Ainhoa Fernández-Toribio García
Lucía González Inchausti
Marina Gutiérrez Sánchez

Edición a cargo de:
GRUPO CRIMINOLOGÍA Y JUSTICIA

A través de:
CRIMINOLOGÍA Y JUSTICIA EDITORIAL

Edición y revisión de estilo: David Buil Gil
Ilustración de cubierta: Carla Ochoa Piñol

www.grup.crimyjust.com
dirección@crimyjust.com

FERNÁNDEZ-TORIBIO, A.; GONZÁLEZ, L. Y GUTIÉRREZ, M. (2014). *La pena de prisión permanente revisable: anteproyecto de ley español*. España: Criminología y Justicia Editorial.

Gracias a nuestros profesores Lluís Sáez y Maria José Rodríguez por guiarnos en la elaboración de nuestro proyecto. También le agradecemos a todos los colaboradores su tremenda disposición.

Gracias a nuestro compañero David Buil por compartir nuestra ilusión, y sin el cual este trabajo no se hubiese publicado.

Y por último, gracias a nuestra familia, y en especial a nuestros padres por creer en nuestras capacidades más incluso que nosotras mismas.

AINHOA FERNÁNDEZ-TORIBIO
LUCÍA GONZÁLEZ
MARINA GUTIÉRREZ

ÍNDICE

PRÓLOGO

El terceto de autoras de este libro y yo nos conocimos en el contexto de una asignatura de tercer curso del Grado de Criminología, llamada "Metodología Cualitativa de Investigación". Al ser excelentes alumnas, fue un placer para mí tenerlas en clase. Su implicación, proactividad y dedicación se plasmó en diversos ámbitos, pero se repitió –como era del todo previsible– en la elaboración del trabajo de curso. Un trabajo excelente, y especialmente meritorio, si tenemos en cuenta el poco tiempo y los pocos medios que tuvieron para llevarlo a cabo. Su calificación así lo reflejó, obviamente.

Pero hasta aquí tendríamos el relato de costumbre. Alumnos/as aplicados/as, que aplican correctamente lo que han aprendido en un muy buen trabajo de grupo, y cuyo esfuerzo se ve recompensado en la evaluación. No habría más trascendencia, a no ser que alguna o algunas de ellas decidieran darle continuidad al tema trabajado en su futuro profesional, o al menos en un tercer ciclo. Sin embargo, a menudo los archivos de la universidad ocultan trabajos muy interesantes y que aportan datos e informaciones relevantes sobre diversas temáticas, y que quedan en el olvido por una falta de canalización editora que desaprovecha los frutos de un talento no reconocido.

Felizmente, este trabajo es un caso atípico. Probablemente, en buena parte por la determinación de las autoras de sacarle provecho; también, por la editorial que les ha dado la oportunidad de trascender un mero trabajo de curso académico y brindarnos públicamente los resultados de su investigación, en especial. Es muy de agradecer esta actitud de apoyo, y cabe esperar que tenga éxito y que cunda el ejemplo, en el resto del mundo editor.

El presente trabajo no es una investigación al uso, de las que duran varios meses u años, con financiación adecuada y con un equipo relativamente extenso de investigadores. No podía serlo de ninguna manera. Las autoras tuvieron que realizarlo en pleno curso académico, en unos pocos meses, sin financiación alguna, y contando solamente con su esfuerzo y su talento. Por tanto, era un trabajo con unos objetivos más bien modestos. Pese a ello, los resultados obtenidos y su interés son marcadamente notorios, lo cual justifica su publicación.

Desde el punto de vista metodológico, es un trabajo excelente. Dotado de rigor en el diseño técnico, de un óptimo desarrollo del trabajo de campo –basado en entrevistas a prescriptores– y de una muy lúcida interpretación de los datos, conjugando magistralmente el mapa de opiniones derivado de las entrevistas. Todo ello, además, partiendo de la base de un marco teórico claro y exhaustivo sobre la cuestión a dilucidar. En suma, podemos decir que estamos ante un muy buen ejemplo de cómo hacer una investigación de índole cualitativa, y sobre todo, de cómo orientar primero la recogida de información debidamente y cómo reconvertir luego esa información en conocimiento.

Pero el rigor metodológico sólo avala el proceso. Además de ello, la aproximación a la cuestión de la prisión permanente revisable, y a su potencial de influencia en la toma de decisiones de jueces y magistrados, desvela extremos muy interesantes. El contenido y su riqueza informativa son de una relevancia capital, y devienen así en el segundo y definitivo aval de esta obra. Por todo ello, y en definitiva, creo que estamos ante la demostración de lo útil que puede ser un ejercicio inicialmente académico y con horizontes inevitablemente modestos, cuando en él se aúnan rigor, esfuerzo y talento. Mi enhorabuena a Ainhoa, Lucía y Marina, a las que auguro un largo y fructífero recorrido profesional si siguen así.

LLUÍS SÁEZ GIOL

Profesor del Grado de Criminología
de la *Universitat Autònoma de Barcelona*

Barcelona, Junio de 2014

NOTA DEL EDITOR

Cuando Santiago Ramón y Cajal dijo aquello de *"Las ideas no duran mucho, hay que hacer algo con ellas"* seguramente estaba pensando en procesos como el que ha llevado a la culminación del presente libro, y a su consiguiente publicación.

Como la mayoría de cosas buenas que nos ocurren en esta vida, la idea de publicar el trabajo que Marina, Lucía y Ainhoa habían desarrollado en el marco de la asignatura de Metodología Cualitativa de Investigación nació en un contexto absolutamente informal, en una charla entre amigos. Como compañero de clase de las autoras del libro, conocía desde años atrás su altísima capacidad analítica y su más que destacable nivel académico, sin duda muy superior al mío; y como miembro del Grupo Criminología y Justicia, tenía unas ganas inmensas que se animaran a publicar alguno de sus textos. Ya les había dejado caer en más de una ocasión, y probablemente en más de dos, las ganas que tenía de ver sus nombres en alguna publicación de la revista digital de Criminología y Justicia; y fue después de una clase, de esas tan densas que al acabar quieres hablar de cualquier cosa menos del temario, que Marina me dijo "pues hace unos meses entregamos un trabajo muy completo en la asignatura de Métodos Cualitativos, y me gustaría mucho verlo publicado", a lo que yo le respondí sin pensarlo un momento que me lo enviara. Efectivamente, después de pegarle un par de ojeadas junto a los compañeros del Grupo nos dimos cuenta que era un trabajo digno de ser publicado en formato libro.

No es algo común, por desgracia para la transmisión del conocimiento, encontrar trabajos de estudiantes universitarios publicados. El estudio *"La pena de prisión permanente revisable: Anteproyecto de ley español"*, no obstante, tiene unas cualidades especiales que lo hacen más que meritorio de estar en las estanterías de criminólogos y juristas penalistas, e incluso me atrevería a decir que en las de algún que otro juez y político español. El texto trata una temática que no sólo interesa, sino que preocupa, a toda persona vinculada en mayor o menor medida al ámbito jurídico. Hace mucho tiempo que se plantea en España la posibilidad de introducir en el catálogo de penas de nuestro ordenamiento jurídico la prisión permanente revisable, pero hasta la fecha no habíamos notado tan duramente la sensación que dicha reforma pudiera llegar a ocurrir. A mí, personalmente, me aterra ver como las penas siguen endureciéndose a un ritmo tan acelerado que

11

llegue a plantearse la creación de la prisión permanente revisable y no exista apenas rechazo mediático ni social al respecto. Por ese motivo se hace absolutamente necesario un estudio riguroso de lo que puede llegar a suponer la implantación de esta pena; y eso es precisamente lo que hace este trabajo, analizar a través de métodos cualitativos, con la participación de expertos en la cuestión, la susodicha pena, para intentar predecir cómo sería su aplicación en los juzgados españoles en caso de aprobarse su creación

En último lugar, tal como ya ha hecho el profesor Sáez en el prólogo, quiero felicitar a las autoras por el enorme trabajo realizando pese a los pocos medios de los que disponían, y desearles un muy próspero futuro como criminólogas, pues nuestro país necesita nuevas hornadas de profesionales de la Criminología con ganas de mejorar el sistema de justicia y de velar por un ordenamiento jurídico más justo, equitativo e inclusivo, y sobre todo basado en la evidencia empírica.

DAVID BUIL GIL

Barcelona, Junio de 2014

I

OBJETO DE ESTUDIO

I. EXPLICACIÓN DEL OBJETO DE ESTUDIO

Nuestro objeto de estudio se centra en cómo la posible implantación de la prisión permanente revisable, recogida en el Anteproyecto de Ley Orgánica por la que se modifica la L.O. 10/1995, de 23 de noviembre, del Código Penal, podría influir en la toma de decisión de los Jueces o Magistrados en el momento de aplicar las sanciones. Para llegar a nuestras conclusiones tomaremos como referencia la Audiencia Provincial de Barcelona, pues es este órgano judicial el que posee la

14

competencia de conocer los hechos a los que se asocian penas superiores a cinco años de pena de privación de libertad, así como las penas accesorias superiores a diez años.

II. CONCEPTUALIZACIÓN

Según el Anteproyecto de L.O., se entiende por pena de "prisión permanente revisable", como una pena privativa de libertad de duración indeterminada, es decir permanente, destinada a supuestos de especial gravedad. Dicha pena, se encuentra sujeta a un régimen de revisión que se lleva a cabo durante el cumplimiento de la condena.

El primer momento en el que se realizará dicha revisión variará en función del delito por el cual fuera impuesta la sanción privativa de libertad[1] y en ella se valorará las circunstancias personales del penado y del delito cometido. Si no concurren los requisitos para que se le conceda el tercer grado al sujeto, se fijará en la misma revisión un plazo para proceder a la próxima exploración. Si por el contrario, se concede la libertad condicional al sujeto, esta libertad quedará condicionada a que si lleva a cabo cualquier delito durante el plazo que fije el Tribunal, éste debería volver a ingresar en prisión.

Por otro lado, se entiende por Audiencia Provincial al Tribunal Colegiado formado por un presidente y dos o más Magistrados, tratándose, por lo tanto, de un órgano pluripersonal (Cortés y Moreno, 2013). Entendiendo por Magistrado, al componente de un órgano judicial, formado por más de un Juez. La competencia territorial de este Tribunal es de ámbito provincial, tal y como su nombre indica, y se trata del órgano superior jerárquico de los Juzgados de Instrucción; de lo Penal; de los de Violencia sobre la mujer; de los de Menores y de los Juzgados de Vigilancia Penitenciaria. Por lo que se refiere a materia Civil, es superior jerárquico de los Juzgados de Paz y de Primera Instancia.

Por lo que se refiere a las competencias penales que le son atribuidas, según el art. 80 y ss. de la Ley Orgánica del Poder Judicial (LOPJ) son,

---

[1] 20 años para los supuestos incluidos en el Capítulo VII del Código Penal (organizaciones y grupos terroristas y de los delitos de terrorismo). 15 años para los supuestos de asesinatos especialmente graves, homicidios de Jefes de Estado extranjeros y supuestos más graves de genocidio o de crímenes de lesa humanidad.

además de las ya comentadas[2], la de dar resolución a los recursos derivados de las sentencias dictadas por los Juzgados de Instrucción y de lo Penal de la provincia, así como las de otros Juzgados inferiores, siempre y cuando no se traten de recursos de amparo o de hechos que deban ser conocidos por la Audiencia Nacional. También será conocedor de los recursos en contra de las resoluciones que impongan los Juzgados de Vigilancia Penitenciaria en materia de ejecución de las penas privativas de libertad, tal y como expone el art. 82.1.5° LOPJ.

Por último, los recursos que se puedan interponer contra las resoluciones llevadas a cabo por la Audiencia Provincial, serán competencia del Tribunal Supremo mediante recurso de casación o revisión.

III. MOTIVACIÓN DE LA SELECCIÓN DEL OBJETO DE ESTUDIO

Existen varios motivos por los que hemos decidido elegir este objeto de estudio, entre ellos destacamos los siguientes:

El Gobierno trabaja e intenta adoptar medidas para proteger y velar por los intereses de los ciudadanos, el problema está en que el Derecho Penal, aparentemente objetivo, puede llegar a ser totalmente subjetivo debido, entre otras cosas a:

a. El condicionamiento de los medios de comunicación en sus intereses de captar la atención de los espectadores mediante el morbo, ofreciendo información sin tener los conocimientos necesarios para que ésta no sea errónea (Hidalgo, 2013). De esta forma, se crea una opinión general que considera que las penas son justas, e incluso, insuficientes. La difusión, por parte de los medios masivos de comunicación, no está reflejando la realidad social ni una información contrastada (Ríos, 2013). Al no representar una realidad social está influenciado sobre la inseguridad ciudadana, independientemente de la fuente de riesgo social, los medios están interesados en crear alarma en la población, modificando así la percepción de que todos podemos acabar siendo víctimas de cualquier tipo de delito porque puede pasar en todos sitios y a cualquier persona, por lo tanto, hace ver que es un problema de toda la sociedad (Curbet, 2010).

---

[2] Para más información consultar la L.O. 6/1985, de 1 de julio, del Poder Judicial, art. 80 y ss.

b. El olvido de los estudios criminológicos a la hora de tomar decisiones político-criminales. El conocimiento criminológico y penal es el único que puede dar legitimidad al sistema. El Derecho Penal es el encargado de limitar el poder punitivo del Estado y, en este caso, nos encontramos que las prisiones permanentes son lo contrario a limitar el castigo y lo contrario a reducirlo para que sea un castigo aceptable, rigiéndonos por el principio de proporcionalidad[3]. Por otro lado, podemos ver el olvido de los estudios criminológicos en el hecho de que la pena de prisión permanente no tiene una real eficacia disuasoria. Se han realizado y evaluado numerosas investigaciones que demuestran que la certeza de las penas, es decir, la probabilidad (real o percibida) de que si se comete un delito se producirá una detención y una condena penal, es más eficaz que la severidad de las penas. Cualquier pena que exceda el mínimo necesario para evitar los delitos es una pena cruel por excesiva (Garrido et al., 2006; Cid y Larrauri, 2001). En resumen, es una condena que no se rige por el principio de efectividad de las penas pero que busca la prevención general negativa, ya que se consigue por la amenaza y la aplicación de ésta

c. El debate de la constitucionalidad del "Anteproyecto de Ley Orgánica por la que se modifica la Ley Orgánica 10/1995, de 23 de noviembre, del Código Penal". Existe este debate porque según el art. 25.2 de la Constitución Española, las penas privativas de libertad y las medidas de seguridad tienen que estar orientadas a la reinserción social, prohibiendo los trabajos forzados y gozando de los derechos fundamentales de este Capítulo ("De los Derechos fundamentales y de las libertades públicas"). Pues bien, el debate se encuentra en que esta pena deja fuera de lugar la reeducación y reinserción del preso, porque puede que a esa persona no le otorguen el derecho de libertad, ya que si no cumple con los requisitos no se producirá la revisión de la condena.

d. Recursos económicos. Según Stella (2012), mantener un recluso en España supone un gasto medio de 54.79€ al día según datos oficiales, aunque la cifra varía dependiendo de la Comunidad Autónoma. En la situación de recesión económica en la que se

---

[3] Las penas deben ser proporcionadas a la entidad del delito cometido. Éstos no pueden ser reprimidos con penas más graves que la propia entidad del daño causado por el delito. La gravedad de la pena dependerá de la forma de ataque al bien jurídico. (Muñoz y García, 2010)

17

encuentra España, en la que se están produciendo recortes tanto en ayudas sociales, como en cultura, en educación, etc. Sin embargo, no se están produciendo en política criminal, ya que esta pena supone lo contrario a los recortes en las demás políticas públicas, tal y como podemos entender, a más años de prisión más gasto social. Por lo tanto, ¿de dónde saldrán los fondos económicos para hacer frente a los gastos que suponen esta condena? El Anteproyecto no incluye ningún informe sobre las implicaciones económicas que esto supone.

II

RESEÑA METODOLÓGICA

I. TÉCNICAS DE RECOGIDA DE INFORMACIÓN — II. CAMPO DE ANÁLISIS

I. TÉCNICAS DE RECOGIDA DE INFORMACIÓN

Descartamos las técnicas de observación ya que el fenómeno que deseamos estudiar está pendiente de aprobación por las Cortes Generales del Estado y nos sería imposible generar datos de la aplicación de la reforma sin estar ésta aun en vigor. Por otro lado, las técnicas sociométricas no las consideramos adecuadas para nuestra investigación,

19

puesto que la información que nos proporciona acerca de la interacción de grupos no es relevante para nuestro objeto de estudio.

Tras descartar varias técnicas, consideramos que la técnica de recogida de información más adecuada es la narrativa, es decir, la que deriva del discurso del sujeto. Aunque creemos que un grupo de discusión nos aportaría gran información, nos es imposible llevarlo a cabo debido a la falta de recursos de los que disponemos. Por estos motivos nos centraremos en las entrevistas individuales. En concreto, entrevistas semiestructuradas focalizadas en un tema, con una serie de preguntas genéricas para introducir el discurso. Dentro de éstas, habrá subpreguntas específicas para matizar el mismo. Durante la narración del sujeto podrían surgir preguntas emergentes que el entrevistador considerara oportuno realizar. Al mismo tiempo, varias de las entrevistas serán especializada, es decir, entrevistas a expertos.

II. CAMPO DE ANÁLISIS

El universo del que partimos son los Magistrados de la Audiencia Provincial de Barcelona en activo en el momento de la realización del trabajo. Realizaremos un muestreo según la segmentación del espacio muestral de manera estratificada, es decir, para la elección de los sujetos a entrevistar tendremos en cuenta una serie de variables que a continuación detallaremos.

Variables

1. Variable "Edad": Segmentaremos los sujetos del universo en función de su edad. Creemos relevante conocer la influencia de la misma respecto al objeto de estudio.

2. Variable "Ideología": Debido a que el Anteproyecto de Ley viene impulsado por un partido político, se considera necesario investigar cómo afecta esto en la posible aplicación de la pena de prisión permanente revisable por Magistrados de distintas ideologías políticas. Cabe destacar que el art.127.14 de la CE, prohíbe que Jueces y Magistrados puedan pertenecer a partidos políticos o sindicatos. A pesar de ello, Rodríguez

---

[4] Artículo 127 1. Los Jueces y Magistrados así como los Fiscales, mientras se hallen en activo, no podrán desempeñar otros cargos públicos, ni pertenecer a partidos políticos o sindicatos. La ley establecerá el sistema y modalidades de asociación profesional de los Jueces, Magistrados y Fiscales.

(2003) nos muestra en la práctica real encontramos distintas asociaciones no exentas de polémicas como son: "Asociación Profesional de la Magistratura" (de orientación liberal conservadora), "Jueces para la Democracia" y "Asociación Judicial Francisco de Vitoria".

3. Variable "Años de experiencia en su ejercicio": Un Magistrado con más años de ejercicio ha tenido la oportunidad de experimentar un mayor número de reformas. Esto podría ser de interés por la diferente adaptación entre éste y el que tienen una menor experiencia en el cargo. Así mismo, el Magistrado con mayor experiencia se habrá enfrentado en más ocasiones a la decisión de imponer la pena máxima recogida por el Código Penal y, por lo tanto, podrá ofrecer una visión distinta ante la posibilidad de llevar a cabo una sentencia que implique la pena de prisión permanente revisable.

Casillero tipológico

Variable "Edad"	"30-40"	3
	"41-50"	
	"51 o más"	
Variable "Ideología"	Liberal conservadora	x
	Progresista	2
Variable "años de experiencia"	>15 años	x
	<15 años	2
	Total perfiles	12

Árbol tipológico

(Ver árbol tipológico en Anexo 1.)

Consideramos que nuestro objeto de estudio cualitativo no tiene perfiles descartados, ya que llevado a la práctica, existe la posibilidad de que encontremos un sujeto para cada perfil, por lo tanto la matriz empírica

21

será la misma que la matriz teórica.

<u>Punto de saturación socioestructural:</u>

El número de perfiles diferentes a estudiar para poder llegar a la saturación socioestructural es de 12. Proviene del resultado de multiplicar 2 perfiles de edad, 2 perfiles de ideología y 2 perfiles de años de experiencia. Por ejemplo, debería de haber un Magistrado de entre 30 y 40 años, con ideología liberal conservadora, con más de 15 años de experiencia; un Magistrado de entre 41 y 50 años con ideología liberal conservadora, con menos de 15 años de experiencia, etc., hasta concluir con el último perfil, el cual se trata de, con ideología de izquierdas y con menos de 15 años de experiencia.

<u>Sistemas de captación</u>

El sistema de captación llevado a cabo responde al modelo institucional, ya que el medio empleado para encontrar a los sujetos fue un docente de la Universitat Autònoma de Barcelona. Dentro del modelo institucional realizaremos una captación estratégica, es decir, la elección de los sujetos vendrá condicionada por una serie de características particulares como la ideología o los años de experiencia.

III

MARCO TEÓRICO

I. ESTADO DE LA CUESTIÓN

I. ESTADO DE LA CUESTIÓN

Según el Anteproyecto de Ley, las motivaciones por las cuales se pretende incluir la pena de prisión revisable en nuestro Código Penal, son las siguientes:

a) *La posibilidad de recurrir a sanciones que visiblemente sean más justas para la opinión social, y favorecer así la confianza de la misma en la Administración.*

Sin embargo, dicha "confianza" que demandan los ciudadanos, viene promovida por los medios de comunicación, que parecen estar al servicio de los intereses políticos. Así, la opinión pública, demanda castigos más graves debido a la existencia de una sensación de "benignidad" de las penas, a lo que la Administración de Justicia responde introduciendo reformas cada vez más represivas y menos preventivas, en nuestro Código Penal (Acale, 2012; Hidalgo, 2013; Curbet, 2010).

Un ejemplo de lo expuesto, lo encontramos en lo referente a los delitos contra la Corona, que apenas han sido aplicados con anterioridad y, por lo tanto, no tiene sentido la agravación para los mismos. Por otro lado, para los delitos contra el terrorismo, tampoco tiene explicación lógica la previsión especial de éstos, en un momento en el que la banda terrorista ETA, ha entrado en una fase de cese de su actividad armada (Melià, 2006).

b) *Dicha pena, no solo consigue mantener la reinserción del penado, sino que mejora tanto la reinserción como humanidad de las penas,* porque hasta el momento, no existe revisión judicial periódica alguna de las circunstancias personales del penado, en ninguna de las penas privativas de libertad existentes, ni siquiera en condenas para las penas más graves o las acumulaciones de sanciones de prisión. Por lo tanto, otorga la posibilidad de poder beneficiarse de la libertad condicional, aún con condiciones, de forma periódica, garantizando con ello la esperanza de que la condena tenga un límite.

A pesar de que el Consejo del Poder Judicial, en el informe referente al Anteproyecto de ley, se muestra conforme con los argumentos aportados por el legislador, existen una serie de magistrados que realizan un voto particular[5] en el que entienden que la confrontación de esta pena con el art. 25.2 de la C.E ha de quedar en manos del Tribunal Constitucional, pero aun así hacen constancia de las dudas que suscita la instauración de una pena que podría llegar a ser permanente y el mandato que regula el mencionado artículo.

---

[5] Margarita Uria Etxebarria, Margarita Robles Fernández, Inmaculada Montalbán Huertas, Félix Azón Vilas, Carles Cruz Moratones, Ramón Camp i Batalla

c) *Con esta pena se consigue dar una respuesta penal adecuada y proporcional a la gravedad de la comisión de ciertos delitos sin perder el objetivo de la finalidad principal de las penas privativas de libertad, la reeducación.*

Aún así, no se puede afirmar que dicha actuación conlleve a una mejor eficacia en las tareas de prevención, ya que en nuestra legislación nunca se ha dado una situación parecida, es decir, no se han podido comparar las cifras anteriores a su instauración y las cifras posteriores a la misma. Por lo tanto, no se puede exponer como una de las razones más relevantes, la eficacia preventiva de la prisión permanente revisable.

d) *Se respeta el art. 3 del Convenio Europeo para la protección de los Derechos Humanos y de las Libertades Fundamentales[6]. Adoptado por el Consejo de Roma, el 4 de noviembre del 1950,* el cual pretende garantizar el derecho de toda persona a no padecer ningún tipo de tortura o trato degradante, pues ofrece la posibilidad de obtener la libertad condicional. Así mismo, se considera que la pena de prisión permanente revisable es constitucional, pues el Consejo de Estado español ya se pronunció sobre ella en el momento en que ratificó el texto del Estatuto de la Corte Penal Internacional, pues este previene en su artículo 77 la posibilidad de aplicar una pena privativa de libertad perpetua, atendiendo a la extrema gravedad de los hechos y a las circunstancias personales del penado[7].

Aún así, encontramos una crítica a dicha motivación, pues Acale (2012) sugiere que cuando el Gobierno Español, en el siglo XXI, pretende instaurar la prisión permanente revisable, lo hace basándose en una lectura, en la cual, el Tribunal Europeo de los Derechos Humanos, pretendió en su día mantener una interpretación histórica de las leyes de algunos de los países que componen la Unión Europea (como Francia,

---

[6] http://www.echr.coe.int/Documents/Convention_SPA.pdf

[7] Para más información consultar el Estatuto de Roma de la Corte Penal Internacional, del 17 de julio de 1998 http://www.derechos.net/doc/tpi.html.

Alemania e Italia). Sin embargo, como vemos en Acale (2012) y Téllez (2004) se trata del uso de un mismo concepto para dos situaciones totalmente distintas.

Por ejemplo, en el caso de Alemania, se observa la previsión de que el penado obtenga la libertad condicional alcanzando un tiempo máximo del cumplimiento de la condena de 15 años, y teniendo además la posibilidad de poder obtener dicha libertad de manera anticipada (Téllez, 2004). Sin embargo, lo que se pretende con la nueva ley española es que la libertad condicional quede sujeta a la decisión de un Tribunal y no a la propia ley, rompiendo con ello el principio de certeza (art. 25.1 CE) porque el ciudadano debe conocer con exactitud las consecuencias de las acciones delictivas, antes de su posible comisión (Cuerda ,2012). De la misma manera se contrapone a la L.O 7/2003[8] que invoca al principio de seguridad jurídica (Acale, 2012).

De la misma manera, podemos observar en el los votos particulares realizados por miembros[9] del Consejo General del Poder Judicial como se argumenta que aludir a tres únicos países y sin entrar en detalles sobre los ordenamientos jurídicos de los mismos no constituye un argumento de peso para apoyar la implementación de una pena de estas características en nuestro código penal.

e) Para los supuestos contemplados en el delito de asesinato como excepcionalmente graves (art. 140 CP), se prevé la imposición de la pena de prisión permanente revisable, se obliga a los Tribunales a imponer dicha pena en su mitad

[8] Exposición de Motivos: LO 7/2003.
http://www.boe.es/boe/dias/2003/07/01/pdfs/A25274-25278.pdf
"Consecuencia lógica de estos derechos y exigencia necesaria del principio de seguridad jurídica que rige en nuestro ordenamiento, es el derecho del ciudadano a conocer con certeza cuál es la forma en la que se van a aplicar las penas, a saber, en definitiva, en que se va a traducir en la práctica la pena o sanción impuesta".

[9] D. Antonio Dorado Picón, D.ª Concepción Espejel Jorquera, D. Fernando de Rosa Torner y D. Claro José Fernández-Carnicero

superior cuando concurran varias circunstancias que cualifican el asesinato.

f) Por lo que respecta a la clasificación en tercer grado, cuando se trate de un penado que se encuentra cumpliendo una pena de prisión permanente revisable, esta deberá ser autorizada por el Tribunal, siempre y cuando se haya obtenido un pronóstico favorable de reinserción social por parte del Ministerio Fiscal y las Instituciones Penitenciarias[10]. También será posible la clasificación en tercer grado, si el Ministerio Fiscal lo solicita al Tribunal, del individuo enfermo y con padecimientos muy graves, que conllevan la dificultad de delinquir del penado, la motivación para ello es la humanización de la pena y el respeto a la dignidad personal.

Sin embargo, el Anteproyecto en ningún momento específica cual es el Tribunal que ha de conocer y tomar las decisiones en el caso de los supuestos anteriores. En otras palabras, en ningún momento aclara, si se va a crear un Tribunal específico de vigilancia penitenciaria para la ejecución de la pena de prisión permanente revisable, si por el contrario, esta función recaería sobre los ya existentes, o si se ampliarán las competencias de los Tribunales sentenciadores para dichos casos (Acale, 2012).

g) Para los supuestos en que se haya condenado por un único delito a la pena de prisión permanente revisable, cabe la posibilidad de alcanzar el tercer grado a los 15 años. Por otro lado, para los supuestos en que el penado haya sido condenado por dos o más delitos, siendo la pena para uno de ellos la prisión permanente revisable, y la suma del resto sea superior a cinco años, la progresión en tercer grado requerirá que el individuo haya cumplido un mínimo de dieciocho años de prisión. Por último, en los casos en los que el penado haya sido condenado, por dos o más delitos, y al menos dos de ellos se castiguen con la pena de prisión permanente revisable, la progresión en tercer grado requerirá que el individuo haya

---

[10] Una vez concedida la clasificación en tercer grado, si el individuo cumple condena por los supuestos de terrorismo, no podrá beneficiarse de permisos de salida hasta haber cumplido un mínimo de 12 años, y 8 años para el resto de supuestos.

cumplido un mínimo de veintidós años.

Queda expuesto así que, para alcanzar el tercer grado en los dos primeros casos, el número de años necesarios es mínimo, y por lo tanto, este hecho puede causar un efecto criminógeno, es decir, que el delincuente al exponerse a las consecuencias derivadas de un delito, por el cual proceda la pena de prisión permanente revisable, decida cometer más delitos supletorios que no superen en su totalidad la suma de 5 años de condena privativa de libertad, atendiendo al poco margen de años existente para el requisito de la obtención del tercer grado (Acale, 2013).

Una vez analizado el "estado de la cuestión", decidimos basar nuestro trabajo en las principales confrontaciones de esta ley con la vigente Constitución Española, ya que entendemos que son los principales conflictos a los que se enfrentarán los Magistrados en el caso de que finalmente se modifique el actual Código Penal.

Encontramos en Cuerda (2012), que los conflictos esenciales que se producen, son los siguientes:

a. Art. 25.1CE. La indeterminación vulnera el mandato de certeza porque el límite máximo de la sanción queda absolutamente indeterminado de la norma, es decir, se está vulnerando porque el ciudadano no puede conocer de antemano las consecuencias de sus acciones, ya que esta pena no establece una horquilla con un límite mínimo y un límite máximo.

b. Art 25.2. CE. Es inviable que un sujeto pueda resocializarse una vez que ha sido retirado de la sociedad durante tanto tiempo.

c. Art. 14 CE. Va en contra del principio de igualdad, ya que trata discriminatoriamente a los reclusos, siendo los únicos penados que puedan gozar de la progresión al tercer grado a aquellos que padezcan una enfermedad muy grave.

d. Art. 15. CE. La prisión perpetua o de muy larga duración constituye un trato inhumano en la medida en que el trámite de revisión puede ser equiparado, en términos de ansiedad para el recluso, al síndrome del corredor de la muerte de Estados Unidos.

IV

MODELO DE ANÁLISIS

I. PERFIL

Finalmente, han sido cuatro los sujetos entrevistados, a continuación detallaremos los perfiles de cada uno:

I. *Técnico 1* (T1). Profesora Titular de Derecho Penal de la Universitat Autònoma de Barcelona, Vicedecana de Transferencia y de Dobles titulaciones y Coordinadora del Programa de Doctorado de Derecho público y filosofía.

II. *Técnico 2* (T2). Profesor Titular de Derecho Penal de la Universitat Autònoma de Barcelona. Director del Máster de Criminología y Ejecución Penal. Coordinador del grado de Criminología en la UAB.

III. *Magistrado 1* (MLC). Magistrado de la Audiencia Provincial de Barcelona, del grupo de edad de entre 41 a 50 años, con ideología liberal conservadora y experiencia en el cargo superior a 15 años.

IV. *Magistrado 2* (MP). Magistrado de la Audiencia Provincial de Barcelona, del grupo de edad de entre 51 o más, con ideología progresista y experiencia en el cargo superior a 15 años.

II. HIPÓTESIS

H1: La aparición del Anteproyecto de Ley, se debe a la demanda social de la modificación del Código Penal.

H2: Los Magistrados de menor edad, tendrán una visión más crítica del Anteproyecto de Ley.

H3: La ideología política de los Magistrados, influirá en su valoración de la constitucionalidad del Anteproyecto de Ley.

H4: Los Magistrados, opinarán sobre el problema que plantea el Anteproyecto de ley con el principio de reinserción y resocialización de la pena (art25.2 C.E), en función de su ideología.

PM1: ¿La confrontación que plantea el artículo 25.1 C.E. sobre la indeterminación de la pena, influirá en la decisión para la aplicación de la pena de prisión permanente revisable?

PM2: ¿De qué manera contribuirá la edad de los Magistrados, en la percepción de la existencia o no de trato inhumano o degradante en la pena de prisión permanente revisable?

PM3: En función de la experiencia en el cargo de Magistrados, ¿variará la sensibilidad ante la posible aplicación de la pena de prisión permanente revisable?

31

III. GUIONES ENTREVISTAS

III.1- Guión del técnico

H1: ¿De qué manera piensa usted, que puede afectar la presión social en la creación de nuevas leyes?

H1.1: ¿Cómo cree que la sociedad percibirá la posible aplicación de la pena de prisión permanente revisable?

Para que se confirme nuestra hipótesis, el discurso debe encaminarse hacia la confirmación de que el Código Penal y, por lo tanto, la proposición de la creación de una pena de prisión permanente revisable, se conforma a partir de las diferentes demandas que plantea la sociedad.

H1.2: ¿Opina usted que una campaña electoral con una propuesta de reforma del C.P. con estas propiedades, contiene un carácter meramente simbólico?

Para que se confirme nuestra hipótesis, el discurso deberá orientarse a la idea de ineficacia en términos prácticos de la ley.

H2: ¿Sospecha usted, que la edad del Magistrado puede ser un factor importante en la tendencia más o menos conservadora?

H2.1: ¿Cree usted, que la edad puede influir en la toma de decisión de un Magistrado, para la posible aplicación de la pena de prisión permanente revisable?

Para que quede confirmada nuestra hipótesis, la narración del sujeto estará encaminada a que la variable edad, contribuirá en la opinión respecto de la pena de prisión permanente revisable. Siendo los más jóvenes, los más reticentes a poner en práctica este tipo de consecuencia penal.

H3: ¿Estima usted, que la veteranía del Magistrado, puede afectar en cuanto a la opinión que le merezca la pena de prisión permanente?

H3.1: ¿Sostendría usted que el haberse enfrentado en más ocasiones, a casos que requieran de una consecuencia penal más severa, pueda

32

afectar de alguna manera a la posibilidad de imponer la prisión permanente revisable?

Para dar respuesta a nuestra pregunta metodológica tendremos en cuenta, en primer lugar, si el discurso del sujeto confirma la relación entre años de experiencia y sensibilidad hacia la aplicación de la pena. Y en segundo lugar, si dicha relación es directa o inversamente proporcional.

H4, H5, H6, H7: ¿A su juicio, el anteproyecto de Ley presenta rasgos inconstitucionales?

H4.1: ¿Piensa usted que la opinión respecto a la constitucionalidad de la pena de prisión permanente está vinculada a una ideología política?

Para la confirmación de nuestra hipótesis será necesario que en el discurso del sujeto existan referencias vinculadas a partidos politos, ideologías concretas, etc., que se relacionen con la opinión respecto de la pena de prisión permanente revisable.

H5.1: ¿Qué opinión le sugieren las críticas sobre la indeterminación de la pena que plantea el Anteproyecto respecto a la prisión permanente?

Para dar respuesta a nuestra pregunta metodológica tendremos en cuenta si el discurso del sujeto es favorable o desfavorable a las críticas que se realizan en el sentido de la indeterminación de la pena de prisión permanente revisable.

H5.2: ¿Qué opina sobre la confrontación entre el mandato de certeza y determinación de la pena y la inexistencia de una horquilla penal determinada para la pena de prisión permanente revisable?

A partir del discurso que realice el sujeto podremos dar respuesta a nuestra pregunta metodológica, siendo favorable o no, en función de si está de acuerdo o no a la posibilidad de que nuestro C.P. contenga una consecuencia penal sin horquilla predeterminada.

H6.1: ¿Estima usted que existe compatibilidad, entre el principio de reinserción y resocialización de las penas, y la aplicación de la pena de prisión permanente revisable?

Tras vincular la respuesta del discurso obtenido en la pregunta H4.1, del cual se extrae la ideología política del sujeto, y la narración que se derive sobre el carácter resocializador de la pena de prisión permanente revisable de esta pregunta, obtendremos la confirmación o refutación de nuestra hipótesis.

H6.2: ¿Sostendría usted que el desarrollo de las habilidades de una persona que ha pasado buena parte de su vida dentro de prisión se adecuaran a la vida en sociedad?

Esta pregunta pretende profundizar en el discurso de la pregunta H6.1, en el caso de que fuera necesario.

H6.3: ¿Cree que las posibilidades de reinserción de un individuo que ha cumplido una pena de estas características, son reales?

Esta pregunta pretende profundizar en el discurso de la pregunta H6.1, en el caso de que fuera necesario.

H7.1: ¿Piensa usted que la larga duración de la pena de prisión permanente revisable, es compatible con el principio de humanidad de las penas?

Derivado de los discurso de los sujetos, y teniendo en cuenta sus características individuales (edad, en el caso que nos ocupa), podremos determinar si existe relación entre la variable independiente "edad" y la variable dependiente "humanidad de la prisión permanente revisable".

H7.2: ¿Opina que los requisitos para la progresión a tercer grado de los individuos que pudieran cumplir esta pena, puede constituir una vulneración de sus derechos?

Esta pregunta pretende profundizar en el discurso de la pregunta H7.1, en el caso de que fuera necesario.

III.2- Guión del Magistrado:

H1: ¿De qué manera piensa usted, que puede afectar la presión social en la creación de nuevas leyes?

H1.1: ¿Cómo cree que la sociedad percibirá la posible aplicación de la

34

pena de prisión permanente revisable?

Para que se confirme nuestra hipótesis, el discurso debe encaminarse hacia la confirmación de que el código penal, y por lo tanto la proposición de la creación de una pena de prisión permanente revisable, se conforma a partir de las diferentes demandas que plantea la sociedad.

H1.2: ¿Opina usted, que una campaña electoral con una propuesta de reforma del C.P. con estas propiedades, contiene un carácter meramente simbólico?

Para que se confirme nuestra hipótesis, el discurso deberá orientarse a la idea de ineficacia en términos prácticos de la ley.

H2: ¿Sospecha usted, que su edad puede ser un factor importante en su tendencia más o menos conservadora?

H2.1: ¿Cree usted, que su edad puede influir en ante la posible aplicación de la pena de prisión permanente revisable?

Para que quede confirmada nuestra hipótesis, la narración del sujeto estará encaminada a que la variable edad, contribuirá en la opinión respecto de la pena de prisión permanente revisable. Siendo los más jóvenes, los más reticentes a poner en práctica este tipo de consecuencia penal.

H3: ¿Estima usted, que su experiencia en el cargo, puede afectar en cuanto a la opinión que le merezca la pena de prisión permanente?

H3.1: ¿Sostendría usted que el haberse enfrentado en más ocasiones, a casos que requieran de una consecuencia penal más severa, pueda afectarle de alguna manera a la posibilidad de imponer la prisión permanente revisable?

Para dar respuesta a nuestra pregunta metodológica tendremos en cuenta, en primer lugar, si el discurso del sujeto confirma la relación entre años de experiencia y sensibilidad hacia la aplicación de la pena. Y en segundo lugar, si dicha relación es directa o inversamente proporcional.

H4, H5, H6, H7: ¿A su juicio, el anteproyecto de Ley presenta

35

rasgos inconstitucionales?

H4.1: ¿Piensa usted que la opinión respecto a la constitucionalidad de la pena de prisión permanente está vinculada a su ideología política?

Para la confirmación de nuestra hipótesis será necesario que en el discurso del sujeto existan referencias vinculadas a partidos politos, ideologías concretas, etc., que se relacionen con la opinión respecto de la pena de prisión permanente revisable.

H5.1: ¿Qué opinión le sugieren las críticas sobre la indeterminación de la pena que plantea el Anteproyecto respecto a la prisión permanente?

Para dar respuesta a nuestra pregunta metodológica tendremos en cuenta si el discurso del sujeto es favorable o desfavorable a las críticas que se realizan en el sentido de la indeterminación de la pena de prisión permanente revisable.

H5.2: ¿Qué le cabría esperar ante el hecho, de que no se prevea una horquilla penal determinada, para la consecuencia penal de prisión permanente revisable?

A partir del discurso que realice el sujeto podremos dar respuesta a nuestra pregunta metodológica, siendo favorable o no, en función de si está de acuerdo o no a la posibilidad de que nuestro C.P. contenga una consecuencia penal sin horquilla predeterminada.

H6.1: ¿Estima usted que existe compatibilidad, entre el principio de reinserción y resocialización de las penas, y la aplicación de la pena de prisión permanente revisable?

Tras vincular la respuesta del discurso obtenido en la pregunta H4.1, del cual se extrae la ideología política del sujeto, y la narración que se derive sobre el carácter resocializador de la pena de prisión permanente revisable de esta pregunta, obtendremos la confirmación o refutación de nuestra hipótesis.

H6.2: ¿Sostendría usted que el desarrollo de las habilidades de una persona que ha pasado buena parte de su vida dentro de prisión se adecuaran a la vida en sociedad?

Esta pregunta pretende profundizar en el discurso de la pregunta H6.1, en el caso de que fuera necesario.

H6.3: ¿Cree que las posibilidades de reinserción de un individuo que ha cumplido una pena de estas características, son reales?

Esta pregunta pretende profundizar en el discurso de la pregunta H6.1, en el caso de que fuera necesario.

H7.1: ¿Piensa usted que la larga duración de la pena de prisión permanente revisable, es compatible con el principio de humanidad de las penas?

Derivado de los discurso de los sujetos, y teniendo en cuenta sus características individuales (edad, en el caso que nos ocupa), podremos determinar si existe relación entre la variable independiente "edad" y la variable dependiente "humanidad de la prisión permanente revisable".

H7.2: ¿Opina que los requisitos para la progresión a tercer grado de los individuos que pudieran cumplir esta pena puede constituir una vulneración de sus derechos?

Esta pregunta pretende profundizar en el discurso de la pregunta H7.1, en el caso de que fuera necesario.

V

ANÁLISIS DE DATOS

I. PRESIÓN SOCIAL – CREACIÓN DE LEYES

Respecto a los discursos analizados acerca de como la presión social afecta a la creación de leyes, observamos que los diálogos de los entrevistados se centran, sobre todo, en tres líneas diferenciadas:

I.1. Medios de comunicación.

La primera fuente de presión social que identificamos en los discursos, tanto de los técnicos como de un Magistrado, son los medios de comunicación. El discurso del primer técnico nos muestra como los MMCC influyen en la creación de leyes directamente, como input a tener en cuenta.

> *"(...) inputs o entradas desde medios de comunicación, partidos políticos, etcétera, es un buen recurso para ocultar otras cosas (...) hemos permitido que los políticos y los periódicos y los medios de ehh comunicación cubran ese espacio y lo cubran como a ellos les dé la gana"* (T1)

En segundo lugar, la influencia de los MMCC en la creación de leyes se puede observar a través de la alarma social que provocan y los sentimientos que genera en la sociedad.

> *"Bueno creo que en el caso de España al menos es muy evidente quee.. que tiene mucha influencia.. es decir quee.. todo el.. todo lo que los medios, el, los medios de comunicación, lo que.. la alarma que crean no?, la, la importancia que dan a todas estas noticias.. ehh una reflexión a veces....como diría....ehhh shh, expresando solo los sentimientos más, que todo el mundo tiene ante estos casos no?"* (T2)

El Magistrado progresista, nos muestra esta influencia a partir de como los medios de comunicación reflejan a las víctimas y sus necesidades retributivas.

> *"En el fondo si, si, si pensamos en titulares de periódico y en casos mediáticamente muy importantes estaremos viendo que se está vendiendo esto para estas manifestaciones de gente de victimas fundamentalmente que dicen no puede ser esta gente no puede salir de la cárcel"* (MP)

I.2. Demanda popular.

Respecto a la segunda fuente de presión social en la creación de nuevas leyes encontramos la demanda popular, sobre la cual podemos destacar que el técnico dos, habla de una necesidad de reacción por parte de la ciudadanía.

"Los sentimientos de necesidad de reacción, de dar una respuesta, sin pensar un poco quizás en cual es el mejor sistema globalmente, pues esto tiene su influencia" (T2)

En la misma línea, el Magistrado liberal conservador sostiene que la creación de leyes ha de venir impulsada desde la sociedad en cualquier país democrático. Por lo tanto, podemos deducir a través de su discurso que es legítimo el hecho de que esta ley tenga fundamento de responder a las necesidades sociales, sean éstas objetivables o no.

"Yo creo que todas laaas, todas las leyes en un país democrático, en teoría, y así debe ser, y así es, yo creo, surgen de lo que los..., son la manifestación de la voluntad de los ciudadanos, en ese sentido cualquier proyecto de ley tiene que ser reflejo de lo que la sociedad quiere, o lo que la sociedad necesita, obviamente corregido con un criterio más formal que es el de las personas queeee llevan el impulso legislativo a nivel político (...)" (MLC)

I.3. Partidos políticos.

La tercera y última fuente de presión social son los partidos políticos. El discurso del primer técnico nos muestra de forma clara, como las decisiones político-criminales responden a una decisión fundamentalmente política.

"...yo creo que toda, que es una decisión fundamentalmente política, que no creo que.... para resolver... los ámbitos en los que se va a aplicar la prisión permanente revisable sea eso en términos jurídicos y técnicos necesarios sino que más bien responde a una determinada política (...)" (T1)

El discurso del Magistrado progresista nos lleva a inferir como, desde el ámbito político, se utilizan estrategias legislativas encaminadas a la creación de leyes con un objetivo electoral oportunista.

"(...) la forma de participación directa del ciudadano es a través

de las elecciones y las mayorías son las que luego legislan y luego hay otras vías que quizás no son tan respetables que es... eh utilizar mecanismos ehhh propios de la, de las, de las leyes para ganar adeptos desde un punto de vista electoral, es decir la utilización puramente política de la de las leyes que no debería ser así" (MP)

II. PERCEPCIÓN SOCIAL – PRISIÓN PERMANENTE REVISABLE

Una vez encaminado el discurso hacia la sociedad, nuestro segundo sector de análisis está centrado en cómo ésta percibirá la prisión permanente revisable. Observamos que las respuestas están divididas en percepción social positiva y percepción social negativa.

II.1. Positiva.

Encontramos que todos los entrevistados consideran que la sociedad acogerá esta pena positivamente. Respecto a los discursos de los dos técnicos podemos deducir que, debido a la visión simplista de la sociedad, ésta la percibirá como una medida adecuada ante las necesidades actuales, aunque esto no se corresponda con la realidad. Por otro lado, esta visión se vincula con el carácter retribucionista que, en gran medida, contiene esta pena y al que hace referencia el segundo técnico.

"Lo que se trasmite a la sociedad es una visión muy simple, muy simplista que no se corresponde para nada con la realidad y entonces pues yo creo que esto va a ser vendido como un triunfo político importante de lucha contra la delincuencia cuando lo conocido es que eso no tiene nada que ver ni con la lucha contra la delincuencia ni con evitar posibles comisiones de delitos futuros" (T1)

"Es que todos estos temas , yo creo que, en general, todos estos temas del castigo y deee... de la respuesta que se daa.. no? Hay como hay siempre como dos planos de verlo (...) Otra manera de verlo es verlo en verlo solo en clave deee puesss un poco... lo que instintivamente es massss..normaalll que es una visión mas eehhh retribucionista no?" (T2)

El Magistrado liberal conservador hace referencia a una encuesta de opinión en la que se demuestra que, indiferentemente de la ideología de la persona, la gran mayoría de los votantes de derechas e izquierdas, eran favorables a la instauración de esta pena.

"(...) el martes publicaba un periódico nacional, una encuesta que se había hecho en, en el..., por, por una agencia de, de, de opinión independiente vamos, concretamente creo que era el periódico El Mundo (M: pues lo miraremos) y, y, y ee, recogía la opinión popular sobre la prisión permanente revisable, y ahí eee se extraía queeee la consulta esta, que el 89% de los votantes del Partido Popular eran favorables a la instauración de la pena de prisión permanente revisable, y el 70% de los votantes del partido socialista, eran partidarios de la instauración de la pena de prisión permanente revisable. O sea, que en el caso concreto que estamos debatiendo, parece que sí que es verdad que existe un sentir popular deee de que puede ser una medida legislativa oportuna." (MLC)

El Magistrado progresista afirma que la mayor parte de la sociedad percibirá bien esta sanción, pero explica que esto se debe a como el Gobierno la ha presentado ante los ciudadanos. Por tanto, podemos entender que si se hubiera expuesto de otra manera, la opinión social podría ser diferente.

"Yo creo que mayoritariamente la percibirá bien, y además lamentablemente. Sobre todo los que menos conexión tienen con el mundo del derecho la van a percibir mmm bien, sobre todo si la venden bien, y yo creo que la están vendiendo bastante bien el gobierno otra cosa es las justificaciones que se dan luego en la exposición de motivos del anteproyecto" (MP)

II.2. Negativa.

Antes de analizar cada discurso, queremos explicar que no es realmente una percepción negativa, sino que se realizan matizaciones respecto a la percepción anterior. Esta apreciación consiste en hacer una diferencia entre ciudadanos con conocimientos jurídicos y el resto de la sociedad. Si antes habíamos hablado de que el resto de la sociedad, mayoritariamente la percibiría bien, entienden que los ciudadanos con conocimientos jurídicos serán los que tengan una opinión más crítica respecto a esta pena.

"Es que todos estos temas , yo creo que, en general, todos estos temas del castigo y deee... de la respuesta que se daa.. no? Hay como hay siempre como dos planos de verlo.. uno es un plano más.........shh como diría, uno es un plano más sentimental quizás, no? Y otro es un plano más..experto..es decir, e,l el, el experto piensa en clave de que como regular un sistema mmmmm de castigos que sea que cumpla con distintos criterios que sea...que tenga un nivel de humanidad, que tenga un coste adecuado, que sea efectivo no? (...) unos principios puesss culturalmente dominantes entre entre lo que es ehgh que sé yo, la ciencia criminológica, no?" (T2)

" (...) Sobre todo los que menos conexión tienen con el mundo del derecho la van a percibir mmm bien, sobre todo si la venden bien, y yo creo que la están vendiendo bastante bien el gobierno otra cosa es las justificaciones que se dan luego en la exposición de motivos del anteproyecto" (MP)

III. PRISIÓN PERMANENTE REVISABLE – CARÁCTER SIMBÓLICO.

Respecto al carácter simbólico de dicha pena, encontramos dos posturas, quienes piensan que se trata de una sanción simbólica y los que no.

III.1. No simbolismo.

Ambos Magistrados están de acuerdo en que esta pena no tiene un carácter simbólico, aunque los discursos muestran argumentos diferentes. Por un lado, el Magistrado liberal conservador explica que una ley no es simbólica hasta que ésta no sea derogada por otro partido político.

"En cuanto a su simbolismo, bueno yo creo aquí hay que tener una reflexión muy clara y es que independiente..., si verdaderamente esto al final fructifica en una ley (...) no tendrá ningún simbolismo, es como cualquier otra ley, una vez que el parlamento español la apruebe, se aplicara y..., y...,y pasara a ser simbólica si luego la opción legislativa de otro parlamento la deja sin efecto" (MLC)

44

Por otro lado, encontramos un segundo argumento acerca del no simbolismo de la pena basado en que si la rehabilitación del individuo no ha sido efectiva, la prolongación en el tiempo de la prisión permanente revisable jugará un papel decisivo al favorecer que el individuo salga de prisión con una edad avanzada, reduciendo así su peligrosidad criminal.

"(...) y suponiendo que, que se, de, se constante científicamente que esa rehabilitación no se ha producido, pues entonces sí que la, la, la pena permitiría que ese individuo no, no, no introdujera potencialidad de riesgo en la sociedad" (MLC)

El Magistrado progresista, hace referencia a que el momento en el que la pena se aplica pierde totalmente su simbolismo, ya que se convierte en una realidad para el individuo sobre el que se aplica.

"No, simbólico no tiene porque la los que se la impongan pregúnteles a ellos si tiene un carácter simbólico ósea no, no, no, no es simbólico no lo que creo" (MP)

III.2. Sí simbolismo.

"Por eso digo que tiene una fuerte carga simbólica... que es mala para un ordenamiento jurídico que lo que tiene que lo que tiene que hacer es funcionar y responder a problemas reales, no dar un mensaje de simbolismo" (T1)

El Magistrado liberal conservador basa su discurso acerca del simbolismo de la pena en la peligrosidad de los sujetos a los que se les impone. Sin embargo, es aquí donde encontramos que se contradice respecto al segundo discurso del apartado "No simbolismo". Anteriormente menciona que no es simbólico puesto que es eficaz para personas que no han alcanzado la rehabilitación. Por otro lado, entiende que la peligrosidad disminuye con la edad y, por lo tanto, la prisión permanente revisable es ineficaz en términos reales.

"El perfil criminal y el vigor personal a la hora de emprender determinadas acciones va decayendo con la edad, entonces pues muy probablemente al final, dices mmm heeee eficacia real, se producirá en muchas ocasiones, pues, pues, pues, no lo creo, probablemente se irá viendo que, que ese riesgo de reiteración

delictiva en libertad pues va desapareciendo, en unos antes y en otros después (...)" (MLC)

El Magistrado progresista aun partiendo de la idea de que esta pena no es simbólica para quien la sufre, reconoce su carácter simbólico en cuanto a que no la considera útil, ya que el catálogo de penas actual prevé penas lo suficientemente graves.

"A ver, se podría contestar que si a la pregunta si está hecha con la inteligencia que seguro, seguro que esta, que está hecha, es decir, en estos momentos yo creo que no había ninguna necesidad de instaurar este tipo de pena, por varias razones primero porque tenemos penas suficientemente aflictivas en el CP mucho más de lo que la gente piensa" (MP)

IV. EDAD – TENDENCIA JURÍDICA.

Respecto a la posibilidad de que exista una relación entre edad y una tendencia jurídica más o menos conservadora, encontramos que los dos Magistrados coinciden en su discurso, mientras que los dos técnicos no tienen clara la existencia de la relación.

IV.1. Existencia de relación.

El Magistrado liberal conservador explica la relación entre edad y la tendencia jurídica en términos de madurez, es decir, considera que a más edad, la persona tiene más criterio para observar las consecuencias de imponer una pena que conllevará que la persona se encuentre la mayor parte de su vida recluida.

"Yo creo que las personas tienen que ser maduras, y creo que la edad aporta esa madurez, y y creo que desde luego una persona madura, valora mucho mejor la trascendencia de una decisión así, a la hora de imponerse la pena (..). Entonces creo eso, que la madurez hace que que uno tome conciencia de la trascendencia que tiene esta pe... esta pena en la vida de la persona (...), y que una persona madura se da cuenta de la trascendencia de lo que es tener privada de libertad durante toda su vida adulta a un individuo (...) Y desde luego creo que, que eso, que la juventud noooo, muchas veces puede no ser lo suficientemente permeable al dramatismo de de una sanción así, y que la madurez sí que le

permite a una persona buscar unos equilibrios mucho mayores."
(MLC)

El Magistrado progresista, en cambio, basa su discurso en una revisión histórica acerca de las sentencias más liberales impuestas en nuestro país. Podemos inferir que los Magistrados de mayor edad, los cuales han vivido etapas más progresistas, jurídicamente hablando, serán más afines a la imposición de penas más leves.

> *"Si echáis una ojeada a la jurisprudencia del constitucional las sentencias más progresistas se han puesto en la década de los 80 y parte de los 90, luego todo han sido pasos, pasos hacia atrás y la experiencia que tenemos nosotros con los compañeros de las nuevas generaciones en que en absoluto se les puede considerar más progresistas en términos generales"* (MP)

IV.2. Término medio.

El primer técnico afirma con rotundidad que no tiene una opinión clara respecto a la existencia o no de la relación.

> *"no lo sé" "no lo sé"* (T1)

El segundo técnico, tampoco confirma la relación argumentando que los supuestos para los que se podría imponer esta pena están determinados en el Anteproyecto de Ley y, por tanto, la valoración del Magistrado sobre su imposición no tiene un carácter relevante.

> *"Si no recuerdo mal la cadena perpetua está prevista como obligatoria para algunos delitos, con lo cual la discrecionalidad juega poco"* (T2)

V. VETERANÍA – OPINIÓN SOBRE PENA DE PRISIÓN PERMANENTE REVISABLE.

Respecto a la relación entre veteranía y tener una opinión más reticente a la imposición de la pena de prisión permanente revisable podemos observar que los discursos de todos los sujetos nos confirman que cuanto más veterano sea el Magistrado, más capacidad tiene para valorar las consecuencias que conllevaría la imposición de esta pena. En algunos casos existen argumentos que encontramos interesante destacar.

> *"...Entonces, creo que un Magistrado experimentado con independencia incluso de su tendencia política incluso de sus valoraciones y su concepción del derecho penal va a ser reticente a la aplicación de estas medidas tan largas como lo están siendo algunos en nuestro país"* (T1)

El técnico dos intuye la existencia de la relación, tal y como hemos dicho anteriormente, pero necesitaría confirmación empírica para afirmarlo con rotundidad.

> *"Hombre... ... esto habría que claro..todo esto requiere investigación empírica, todo esto saber un poco si esto van a aplicarlo más por la veteranía, shsh, la edad.....en principio no es, es decir, el que las personas tengan un buen conocimiento del sistema es algo bueno como en cualquier profesión... no se decirte, no se contestarte, yo... mi intuición es que.....es difícil decirlo, no se quizás mi idea es que la veteranía va a favor de posiciones más progresistas diría, pero es una intuición"* (T2)

> *"Creo que cuanta más experiencia tiene una persona, más consciente es(...)eso, de de los efectos reales en la vida de una persona que se producen ejecutando una pena así. Y luego, todo tiene su cara y su cruz, cuanta más experiencia tiene uno también, más (...) sensible es al darse cuenta del problema de poner a una persona en libertad cuando existe un riesgo de reiteración delictiva (...) o sea que, que sí, que la experiencia al final a uno le hace ver las consecuencia de su acción, de su(...) de su actuación profesional con una mayor, con un mayor alcance (...) la experiencia es un valor para, para ponderar adecuadamente los intereses en conflicto en la aplicación de una pena de, de, de esta intensidad, y desde luego la experiencia no se transmite, se adquiere, y eso te lleva a la edad"* (MLC)

El Magistrado progresista hace referencia a la experiencia personal, argumentando que ésta le ha permitido ver las consecuencias de imponer penas muy graves, siendo consciente de que todo delincuente es un ser humano y, en algunos casos, no se tiene en cuenta.

> *"Sí, bueno es que es que uno, uno ha estado en juicios donde se han impuesto penas muy graves yyy y uno es consciente de lo que*

ha pasado luego con esas personas de personas que llevan cumpliendo muchísimos, muchísimos años y luego no es lo mismo verlo en, en, eeen el plano teórico que luego ver que a la persona a la que se está imponiendo la pena es, es, es una persona y es, es un ciudadano que tiene sus derechos también que es algo que también parecemos olvidar" (MP)

VI. INCONSTITUCIONALIDAD.

VI.1. General.

INCONSTITUCIONALIDAD.

Ante el planteamiento acerca de la constitucionalidad, o la falta de la misma, que puede plantear la entrada en vigor de la aplicación de la pena de prisión preventiva revisable, encontramos opiniones y motivaciones dispares.

En cuanto a los entrevistados que creen que la pena de prisión permanente revisable, plantea rasgos inconstitucionales, en primer lugar observamos que la argumentación que nos ofrece uno de los técnicos, se encuentra encaminada a la idea de que las penas de estas características no son favorables para la sociedad en general y que por ello, existen elementos que por los que se podría valorar como una medida inconstitucional:

"...pues como mi opinión, como puede verse, no es favorable a que se incorporen este tipo de penas, entre otras cosas porque creo que no solucionaras nada... pues creo que sería bueno que se, que se considerara o se valorara su inconstitucionalidad en algunas medidas." (T1)

Aún así, este técnico entiende que toda ley, incluso la Constitución Española, se entiende de forma distinta en función de quién la interprete, y que por ello, cabe la posibilidad de que otras personas o profesionales, la interpreten de forma por la cual no cabría la inconstitucionalidad para la pena permanente revisable:

"La interpretación de la constitución es interpretación ¿no? Y la constitución pues dice muchas cosas en función de quien las lee como todas las leyes ¿no? Entonces pues yo me imagino que

aquellos que somos más contrarios a, a, a, a ese mantener ese tipo de penas, y ese tipo de sanciones contrarias al en mi opinión, al 25 de la constitución pues encontramos muchos argumentos, y aquellos que consideran que las sanciones pues tienen que ser muy duras porque es otra forma de concebir el derecho penal, pues entienden que hay unos límites pero muy pequeños, muy laxos, muy suaves que impone el artículo 25, pues entonces serán capaces de generar contrargumentación para sostener. Al final el tribunal constitucional igual se tiene que pronunciar." (T1)

Esta idea de "interpretación" se encuentra apoyada también por el segundo técnico, por lo que podríamos decir que es importante tener en cuenta que la reflexión acerca de los principios y límites que establece la constitución es personal.

"La discrecionalidad es muy importante, es decir, los jueces en realidad, en..quizás no en este caso, pero en general... es un punto importante ehh mmm..... ell, yo creo que ee, lógicamente el código, elll código penal da mucho poder de discreción, ehh los jueces tienen que motivarlo tienen que motivarlo de acuerdo a los valores más constitucionales, aquí esta es.. no? Mm que valores entran en juego y es cierto que puede haber jueces ehh... pues que lean la constitución con distintos matices" (T2)

En segundo lugar, uno de los magistrados reafirma la existencia de aspectos inconstitucionales de esta pena y, teme además, que si se llega a instaurar, no se dejen claros que términos que no presentan inconstitucionalidad, y cómo se resuelve exactamente, pues llegado un caso real, sería difícil plantearlo:

"El planteamiento de cuestiones de constitucionalidad judiciales son muy problemáticas en este caso porque ¿qué hace uno? ¿Suspende, paraliza un juicio que sea por asesinato un juicio terrorista para plantar la cuestión? va a ser muy complicado, yo confío en que las personas, las que tienen legitimación planteen, y además creo que hay, que hay varios artículos de la constitución a citar." (MP)

Este sujeto además insiste en la falta de motivación real que plantea el legislador en el Anteproyecto de ley, y cree por ello, que en realidad se tratan de meras justificaciones para razonar su carácter plenamente constitucional:

"Si rotundamente, supongo que, que, los que deciden, de hecho si os fijáis en la exposición de motivos que supongo que la habréis leído, ehh esta todas las referencias al, a la, a esta pena son para intentar justificar la pretendida constitucionalidad, pero por ejemplo, no da ninguna razón de política criminal." (MP)

CONSTITUCIONALIDAD.

En sentido opuesto, encontramos que el otro magistrado entrevistado tiene una opinión favorable en cuanto a la constitucionalidad de la pena de prisión permanente revisable, dejando constancia de ello con estas palabras:

"Yo no creo que sea inconstitucional (...) el anteproyecto de ley paso por el Consejo de Estado, y el Consejo de Estado también le informó que no creía que fuera inconstitucional." (MLC)

Insistiendo en esta misma idea, nos explica que se requeriría para que realmente se pudiera contemplar la inconstitucionalidad de dicha pena:

"Inconstitucional sería que una persona por una acción, por más grave que fuera, heee, estuviera obligado de por vida, aaa permanecer en prisión y a morir en prisión (...). Ahora lo que no es inconstitucional, es que a una persona se le imponga una pena como consecuencia de una acción, se trate con esa pena de corregir su comportamiento para poderlo reinsertar en la sociedad, y que constatado que ese objetivo no se ha logrado, pues se opte por no ponerlo en libertad para eludir el riesgo de volver a soportar una acción así (...). Una pena de cadena perpetua es inconstitucional, una prisión de cadena perpetua sometida a revisión y condicionada a poner inmediatamente en libertad a ese individuo, tan pronto como desaparezcan los riesgos de, de reiteración en el delito no es const... no es inconstitucional." (MLC)

VI.2. Influencia de la ideología política.

Valorando la posible relación entre una ideología política y la constitucionalidad de la pena de prisión permanente revisable encontramos dos sectores con opiniones distintas.

51

NO INFLUENCIA.

Tanto el técnico dos como el Magistrado liberal conservador parten de un concepto más amplio de ideología. Ellos no consideran que el factor determinante acerca de la constitucionalidad de la pena sea la ideología política, sino que es un instrumento mediador que influye en las concepciones humanas generales y éstas son las que influye en la valoración de la constitucionalidad.

> *"No directamente con la ideología política, posiblemente o... la ideología política puede ser un factor mediador del modelo que tengamos, es decir, pero es indiscutible que ..si yo tengo una opinión más, es decir, más crítica con la cadena perpetua o con lo que especialmente os he planteado para mi es el punto fundamental que son los mínimos"* (T2)

> *"(...) No es una ideología, la política es un instrumento para que, para que las concepciones humanas, se defiendan o, o, o se impulsen en un determinado sentido. Entonces no es un tema de ideología política, es un tema de ideología, la cuna de la ideología, la concepción que un juez tenga sobre la prisión permanente revisable o cualquier otra cuestión, dice: ¿la concepción de un juez puede influir? es evidente que los jueces tienen presente su forma de ver las cosas, ara los jueces tienen que, tienen que aplicar la ley, y desde luego no pueden subordinar su id... su, su la... el cumplimiento de la ley a su ideología (...)."* (MLC)

SÍ INFLUENCIA.

Tanto el técnico uno como el Magistrado progresista están de acuerdo en que la ideología política influye en la valoración sobre la constitucionalidad. Sin embargo, el Magistrado explica que, aunque la ideología política influye, los políticos y juristas defienden la constitucionalidad en base a argumentos jurídicos y no ideológicos. Es decir, la ideología influye a la persona en la percepción que tiene sobre la constitución, pero la explicación de esta percepción se basa en criterios jurídicos.

> *"...no solamente conservadores coincide en muchos casos pero no solo esos... (M: por lo tanto, osea, la ideología pero con muchos matices) si, pero con muchos matices no? Pero la*

ideología también" (T1)

"Claro que influye lo que pasa es que la constitución es, es solo una entonces mmm hay que poner en conexión lo que hay que preguntarse es, esta pena cumple.... hemos tenido políticos deee, dee políticos y juristas de determinado aspecto ideológico que llevan muchos meses defendiendo y además defendiéndolo con, coon criterio y con (M: y con argumentos) criterios jurídicos y con argumentos puramente jurídicos claro si se si es revisable porque es te este es, es el quit de la cuestión si es revisable cumple ya con lo que dice el 25.2 lo que pasa es que yo matizaría" (MP)

VI.3. Relación con la indeterminación de la pena.

Haciendo referencia a la constitucionalidad que podría plantear la indeterminación de la pena de prisión permanente revisable, vemos como tanto el técnico uno como el Magistrado progresista, comparten la percepción de una posible inconstitucionalidad en este sentido. En cambio, el Magistrado liberal conservador no considera que la pena de prisión permanente revisable sea indeterminada, por los motivos que posteriormente veremos.

DE ACUERDO.

"Yo comparto como una de las críticas fundamentales, es decir la ley penal tiene que ser cierta y aquellos que han dicho una de las de las taras fundamentales es que no queda fijado el límite máximo de duración y esto puede ser un buen camino para conseguir que esta se considere inconstitucional" (T1)

A pesar de que el Magistrado progresista no se manifiesta explícitamente acerca de la inconstitucionalidad, entendemos que el derecho de la persona a tener una fecha de cumplimiento efectivo vulneraría el mandato de certeza y de determinación de la pena.

"No tiene ningún sentido pensar que por lo menos una persona no tiene derecho a saber que tiene una fecha final y que la fecha final no será el día de su muerte" (MP)

EN DESACUERDO.

El Magistrado liberal conservador considera que la pena no es inconstitucional. Desde su punto de vista, la indeterminación de la pena no existe, al entender que el momento de la revisión marca un mínimo de cumplimiento. Queda en manos del sujeto, rehabilitarse durante este tiempo para así poder obtener la libertad con la mayor rapidez posible. De lo contrario, queda también en sus manos la posibilidad de que su estancia en prisión sea permanente.

> *"Yo creo que ese es un argumento que se maneja para mmm para defender suuuu inaplicabilidad, mmm... no creo que sea real (A: sí, sí) esa indeterminación, yo creo que una persona pues condenada a esa pena, tiene bien definido cuales son los términos de, de, de su pena, los tiene bien definidos y los conoce (...) usted puede pasar su vida en prisión, va a pasar necesariamente los próximos 15 o 20 años, y y y puede pasar eee mmm toda su vida en prisión, si usted, no se da cuenta de que determinados comportamientos no se deben hacer (...). Yo creo que la definición de los términos de la pena están...... (A: están establecidos)."* (MLC)

VI.4. Reinserción – Resocialización.

INDETERMINACIÓN DE LA PENA. VISIÓN NEGATIVA.

En cuanto al elemento de reinserción que debe tener una pena, encontramos que el técnico dos y el Magistrado progresista, coinciden en que la pena de prisión permanente no parece tener una característica rehabilitadora orientada hacia el individuo para el cual se debería imponer dicha pena, según el Anteproyecto de Ley.

Como podemos observar, la opinión del técnico se basa en la idea de que a más tiempo se encuentre un sujeto privado de libertad, menores oportunidades de rehabilitación tendrá y que, por lo tanto, la indeterminación de la pena supondría un carácter negativo para que dicha rehabilitación se llevase a cabo o que realmente fuera eficaz.

> *"(...)Yo creo que esto es malo por dos razones... ehh.... Es decir, primero porque yo creo que cualquier persona que está en prisión, cualquiera, haya cometido el delito que haya cometido, eh, lo que debemos intentar conseguir es su rehabilitación,*

54

cualquier persona, esto, por tanto, a la persona tienes que darle una..una previsión que es lo que tu decías del margen de determinación, entonces claro, plantear a una persona que... es irrelevante lo que haga, porque...en todo caso va a estar 20, 18 años... en prisión... no me parece...muy adecuado". (T2)

Del mismo modo, el Magistrado, no solo defiende la idea anterior, sino que hace eco de la dificultad a la que se enfrentarían los profesionales del ámbito penitenciario para elaborar programas eficaces de intervención para los sujetos que cumplan este tipo de condena.

"Claro el tener una pena indeterminada primero va a limitar las posibilidades tanto de reeducación como de reinserción. De reeducación porque va a ser muy difícil. Yo me pongo en el lugar de los técnicos penitenciarios a ver como se elabora un programa para alguien que no sabes cuándo va a salir" (MP)

"que incentivos puede tener esa persona para, para someterse a ningún tipo de tratamiento penitenciario y que incentivos va a tener la gente que está metida que además son de admirar en tratamientos penitenciarios para trabajar con esa persona. Ósea parte de la indeterminación también afecta directamente a los fines de laaa que han de tener las penas en nuestro ordenamiento jurídico" (MP)

INDETERMINACIÓN DE LA PENA. VISIÓN POSITIVA.

En sentido contrario a lo expuesto en el punto anterior, tenemos la opinión del Magistrado liberal conservador, la cual se apoya en que esta pena llevada a la práctica, en realidad no mantendrá al sujeto privado de libertad durante toda su vida debido a los periodos de revisión y al hecho de que la peligrosidad del individuo disminuye con la edad, por lo que éste podrá beneficiarse de la libertad en un momento u otro.

"En un ejercicio teórico te quedas toda la vida porque no te rehabilitas pero digo que es un planteamiento teórico (A: si, si, si, por supuesto) o sea, yo la prisión permanente absoluta no creo en ella, o sea no creo en ella, creo que una persona que ingresa en prisión a los 20 años... a los 70... objetivamente, no creo, o sea la... el vigor criminal ha tenido que cambiar, aunque no haya cambiado su mente, su vigor criminal solo , solo por su

modificación de edad, se ha modificado (M y A: exacto), y yo creo que ese riesgo de reiteración delictiva en delitos graves pues, pues irá desapareciendo. O sea, yo no creo, que con la construcción teórica que puedes estar de por vida, pero creo que su aplicación práctica abrazara periodos de tiempo más largo que los que tenemos ahora, pero... la prisión de cadena perpetua no la creo, no la creo." (MLC)

PROPORCIONALIDAD DE LA PENA.

En cuanto al principio de proporcionalidad que presenta la pena de prisión permanente revisable, encontramos que, por un lado, el técnico dos, cree que en el momento de elaborar las leyes se tiene en cuenta la pena mínima que se debe cumplir de una condena por un determinado delito. Por esto mismo, opina que la pena de prisión revisable puede atender a esta proporcionalidad, siempre y cuando se consiga equilibrar el mínimo de condena a cumplir con la rehabilitación mediante la posibilidad de obtener una libertad condicional.

> *"El punto más clave está en las penas mínimas, está en el mínimo de condena, porque, es decir, porque..nth está claro que aquí hay un equilibrio, la cadena perpetua tiene un equilibrio, es indiscutible, entre una entre una proporcionalidad.. y un criterio de rehabilitación.. se busca un equilibrio, no? En la proporcionalidad la ves en el mínimo de condena, y la rehabilitación la ves en en en en en en en la posibilidad de libertad condicional ¡, entonces aquí la cuestión es que equilibrio se ha alcanzado, si se ha alcanzado un equilibrio que deja muy de lado el tema de la rehabilitación o la reinserción, pero esto ya os decía que el punto clave es donde se pone el equilibrio".* (T2)

Sin embargo, el Magistrado liberal conservador, atendiendo a la idea de proporcionalidad bajo el prisma de que la condena mínima a cumplir, es la retribución que se da a una acción constitutiva de delito, cree que tal vez se debieran de analizarán las distintas naturalezas de los hechos típicos a los que cabría imponer la pena de prisión permanente revisable, para modular el periodo mínimo de cumplimiento de dicha pena.

> *"¿En 25 años una persona se puede llegar a rehabilitar? Si. Y en 25 días (...) ¿Va a ser necesario estar 25 años si se ha alcanzado la rehabilitación? Eso es lo que diría la ley de enjuiciamiento*

mínimo. Entonces ahí es donde dices, bueno, puede que para una persona 25 años le parezca mucho y, y que y que se rebaje. Puede que en la tramitación parlamentaria se hagan análisis distintos, y que digan, bueno, bueno puesto que este periodo mínimo de cumplimiento responde a la retribución de la mala acción, establezcamos planos diferentes, es decir, digamos que el periodo mínimo (...) de mínimo cumplimiento para una determinada naturaleza de delitos, sea X, para otra determinada naturaleza de delito sea de dos X (...). No lo sé, esto es objeto de modulación."
(MLC)

Así mismo, el Magistrado opina que la proporcionalidad en esta pena, no se refleja exactamente en el momento de imposición de la pena, si no que se refleja en el momento de la revisión, por la cual decidirse si es conveniente o no poner al sujeto en libertad.

"(...) El derecho penal, más cuando afecta a un derecho fundamental como la libertad, descansa en una idea esencial, que es la de la proporcionalidad entre la acción y el reproche penal que se impone (...).Creo que es una pena que no se proyecta tanto sobre la acción, sino sobre el pronóstico futuro, ósea primero tiene que ser delitos extraordinariamente graves, y luego en el fondo, cuando se hace a mi modo ver razonable, o puede hacerse razonable esta pena, no sería al principio, sino precisamente al final, es decir, que cumplidos unos años de prisión y sometido una persona a un tratamiento penitenciario, resulta que, terminada la pena se observa, o no terminada la pena, pasados unos años se observa que esa persona (...) presenta un riesgo de volver a cometer un delito de la misma gravedad (...), porque no se ha rehabilitado, ahí es donde empieza a tener sentido (...). Entonces ahí el planteamiento es decir, bueno qué sentido tiene que una sociedad vuelva a introducir dentro del colectivo general una potencialidad de riesgo real y objetivo de volver a sufrir un, un daño como sociedad (...) como consecuencia de que este señor no se corrige" (MLC)

LEGISLACIÓN ACTUAL.

Hemos considerado oportuno matizar por separado las críticas que realiza uno de los técnicos, en cuanto a la legislación que se está llevando a cabo en los últimos tiempos en nuestro país. Dichas críticas se derivan de la cuestión planteada acerca de la posible vulneración del art. 25.2 CE que platea la pena de prisión permanente revisable, por la cual esta pena podría dificultar la reinserción y rehabilitación de los sujetos.

> *"Yo creo que sí pero ya los 40 años que impone el código penal actual creo que ya se está infringiendo y ahí está"* (T1)

> *"(...) Ésta, sin límite máximo que parte de un principio de la idea de separarte de la sociedad porque lo que lo que es no te podemos matar, sinceramente dicho en términos no no no de profesional jurista no te podemos matar pero te vas a quedar aquí encerrado para siempre, esta es la eh eh la filosofía de fondo, claro eso no casa con la idea de reinserción, tratamiento individualizado, progresión en grado, es que no casa."* (T1)

HABILIDADES SOCIALES.

Por lo que respecta a las habilidades sociales que pueda presentar un sujeto en el momento de su puesta en libertad después de haber cumplido con una pena de prisión permanente revisable, se puede observar que la mayoría de los entrevistados creen que el individuo carecerá de dichas habilidades, o que la adaptación para la puesta en libertad sería complicada. Vemos esta idea en los discursos presentados por los técnicos uno y dos, así como por el Magistrado progresista.

> *"(...) La formación el, el, el hilo de pensamiento, tus practicas, tus costumbres se configuran conforme a un modelo de privación de libertad que no tiene nada que ver con el modelo de vida en libertad, y cuando es tan prolongado pues entonces son muy difíciles..., es muy difícil la vuelta atrás, y eso es así."* (T1)

> *"Hay estudios sobre eso, hay muchos estudios y, y, y vamos la media de tiempo para salvar entre comillas a la gente creo que esta en los 15 años, quiero decir a partir de los 15 años según esos estudios es muy difícil porque, en 15 años, esa persona ha perdido todo tipo de contacto con su familia, ha perdido todo contacto con su entorno social, lleva mucho tiempo metido en un, en un, en un sistema de vida que es muy especial"* (MP)

> *"Pues la única vía de salvar esa, esa desconexión es a través de los permisos, que son una forma de a cuentagotas ir introduciéndolo, a que aparezca absolutamente eliminada o muy,*

o muy, o muy limitada, pues entonces entiendo que lo que salga de ahí si llega a salir, va a ser una persona de, de prácticamente nula posibilidad adaptación a la vida social" (MP)

"A lo mejor se consigue reeducarlo yo no digo que no, pero la reinserción va a ser imposible" (MP)

"Como más tiempo se está en prisión, más complicado es". (T2)

Por otro lado, ante esta cuestión, el técnico dos, vuelve a plantear la importancia de que la pena retributiva sea proporcional a la pena orientada a la rehabilitación, e insiste en el hecho del reto que supondría trabajar en la rehabilitación de un individuo que debiera cumplir una condena de largo periodo.

"Que margen vamos a poner ¿no?, que margen, algún margen hay que poner, seguramente, si ves, si respetamos un principio proporcionalista que, que juega un peso importante, es decir, que se quiere expresar un castigo, y que le impides, la impides, bueno pues lo puedes poner pero una cosa es trabajar con una, con un margen de 10 años... 12... no sé, otra cosa es trabajar con un margen de 25 años..." (T2)

Basándonos en varios discursos ya comentados por el Magistrado progresista, entendemos que éste apela a que la puesta en libertad del individuo ya se encuentra condicionada a su rehabilitación y poca peligrosidad de reiteración de la acción, por lo que se puede llegar a concluir que sí se reeducará, pero que no se adaptará a las normas sociales.

VI.5. Compatibilidad con principio de humanidad.

Ante el debate que se plantea acerca de si la pena de prisión permanente revisable ofrecida en el Anteproyecto de Ley, es compatible con el principio de humanidad de las penas que contempla el artículo 15 CE. Encontramos que vuelven a coincidir en opinión los dos técnicos entrevistados y el Magistrado liberal conservador. Dichas opiniones defienden la idea de vulneración de este principio como podemos ver a continuación.

"yo insisto ni siquiera los cuarenta años, en mi opinión ni los cuarenta años, tendría que buscarse una alternativa" (T1)

59

"A más duración, menos humana la pena". (T2)

"Yo creo que toda pena toda pena excesiva, y desde luego toda pena indeterminada, afecta directamente en los, en los..., es una pena ehh degradante en cuanto el futuro de las personas queda absolutamente elimi... es que, no sé qué puede pasar por la cabeza de alguien que le están diciendo: no vas a salir nunca de aquí" (MP)

Por el contrario, si atendemos al discurso que nos facilita el Magistrado liberal conservador, podemos observar que confía en que sea el propio Tribunal Constitucional el que encuentre la proporción adecuada en cuanto al elemento retributivo de la pena y el resto de elementos que deben existir en dicha pena.

"El periodo mínimo de cumplimiento lo que está indicado es un componente retributivo de la pena. Porque es algo que va a cumplir usted por más que se haya rehabilitado. (...) El Tribunal Constitucional seguramente en estos casos seguirá la idea de la proporción, y habrá que ver cuál ha sido la tirada del legislador para ver si eso es proporcional o no es proporcional, y habrá que ver en que parámetros se hace descansar." (MLC)

Por otro lado, si volvemos a reiterarnos en discursos anteriores realizados por este, deducimos que ciertamente su opinión acerca de este debate es clara, y que no existen vulneraciones de los principios constitucionales de algún tipo, pues dicha pena todavía debe ser modulada y matizada en el caso de aprobarse, y que por lo tanto, deberemos ver en primer lugar cuales son los criterios en cuanto a la pena mínima a cumplir, atendiendo a la naturaleza del delito y, en segundo lugar, si será real o no la permanencia de por vida de un sujeto en prisión.

VII. TERCER GRADO Y POSIBLE VULNERACIÓN DE DERECHOS.

En referencia a los requisitos exigidos para el acceso al tercer grado y la vulneración de derechos que los mismos podrían constituir, encontramos varias líneas. Por un lado, aparece la vulneración – no vulneración. Por otro lado, nos parece oportuno destacar un discurso acerca del Tribunal que decidirá sobre dicha progresión al tercer grado.

VII.1. Efectiva vulneración de derechos.

El Magistrado progresista basa su discurso en argumentos filosóficos o morales. Algunos de los requisitos que exigen para obtener el tercer grado se confrontan con los fines de la pena. Es decir, la renuncia a un pensamiento o un ideal no puede ser determinante para la concesión de un beneficio penitenciario. Siguiendo esta línea, podríamos entender que el Magistrado cuando habla sobre "abjurar prácticamente" podría hacer referencia al art. 16.2 CE, ya que obligan a declarar sobre su ideología y renunciar a ella.

> *"Las condiciones de revisión además son muy duras eh, por ejemplo en el caso de los terroristas les obligan a abjurar prácticamente (...) pero lo que no puedes es exigirle a nadie a quien has condenado a una pena es que el arrepentimiento no es exigible desde un punto de vista filosófico y de política criminal."* (MP)

VII.2. No vulneración de derechos.

El técnico dos y el Magistrado liberal conservador comparten la idea de que los requisitos impuestos no vulneran los derechos de la persona. Además, ambos coinciden en el hecho de que lo incorrecto es el tiempo que se exige.

> *"yo creo que el punto, ehh, es decir, los requisitos del tercer grado, de exigir eh, rehabilitación, los veo correctos, lo que veo mal es el tiempo que se exige, pero los requisitos... en general.. los requisitos, que el tercer grado sea exigente que requiera.. me parece bien".* (T2)

> *"Este es un aspecto de ley que yo creo que va a ser sometido a una... a un fuerte debate parlamentario. Es decir, la pena tiene como finalidad la rehabilitación del delincuente como una de las finalidades, probablemente la principal, no es la única (...). Cumplir necesariamente un mínimo de 25 años aún cuando la, a, a mitad de camino uno ya haya ee aprendido eee lo indebido de sus comportamiento, es admisible o no es admisible, y ahí sí que eee estaremos en el debate parlamentario, Un mínimo de cumplimiento obligatorio va a tener que existir, existe en todos*

los países y ¿25 años es excesivo? Pues ahí ya depende de la opción legislativa. (...)." (MLC)

VII.3. Tribunal competente.

El Magistrado progresista señala que no se ha hecho referencia al Tribunal que se encargará de todos los asuntos relacionados con esta pena. El hecho de que sea el Tribunal sentenciador el posible encargado puede conllevar una vulneración de los derechos, puesto que éste no es realmente conocedor del desarrollo del interno dentro de la institución penitenciaria. Nos gustaría también destacar que hemos extraído este discurso, ya que alude a una de las críticas que nosotras mencionábamos en el marco teórico.

"con la nueva legislación que además el el anteproyecto atribuye, atribuye los temas relacionados tanto con los permisos como con el tercer grado o como las suspensión al Tribunal y no dice que Tribunal es, lo que pasa que utilizar la palabra Tribunal tiene ya tiene su peligro porque los Jueces de Vigilancia Penitenciaria son unipersonales ósea no hay Tribunales a día de hoy yo no sé si están tienen pensado crearlo y entonces sería el Tribunal sentenciador el que el que terminaría todo esto mmm y me parece muy peligroso primero porque el Tribunal sentenciador no tiene conexión con el con el con el penado una vez se como quiero decir todo el régimen penitenciario tiene su vía administrativa y su vía judicial propia (ni es el encargado de sus (marina) y luego yo no sé igual están pensando que el Tribunal que el Tribunal que pone la sentencia tiene más conocimiento del tema peros seguro que a los 35 años cuando haya que revisar (ni se acuerda(marina) ni siquiera el Tribunal será el mismo." (MP)

VIII. OTROS.

Tras realizar el análisis de todos los datos obtenidos de las entrevistas, hemos encontrado interesante añadir otros discursos que aparecen reiteradamente en las entrevistas y que nosotras no tuvimos en cuenta a la hora de crear nuestras hipótesis. Estos puntos son la comparación con otros países, la tradición legislativa en España y la pedagogía social.

VIII.1. Comparativa europea pena de prisión permanente revisable.

Tanto el técnico dos, como ambos Magistrados realizan una comparación europea sobre esta pena, aunque no todos con el mismo objetivo. Por un lado, el técnico y el Magistrado progresista ponen el ejemplo de Alemania para demostrar que el momento de revisión es muy inferior al que se presenta en el Anteproyecto de Ley. Por otro lado, el Magistrado liberal conservador realiza la comparación para demostrar que si la gran mayoría de los países democráticos contemplan esta pena no será inconstitucional. Esto se debe a la posibilidad de revisión.

"Hay una sentencia del Tribunal Alem, del tribunal constitucional de Alemania del año 71-72, pues que dijo que todo aquello que era tener a una per, mm, em, todo aquello que superaba los 15 años de prisión, es no que, es decir, a partir de los 15 años por lo menos.. la persona tenía que tener posibilidad de libertad condicional". (T2)

"La pena de cadena perpetua existe en todas las democracias occidentales, las de la libertad (...). Es una pena recogida en las sociedades libres, es una pena que recoge Canadá, EEUU, que recogen todos los países de Europa (...) con la única excepción de Portugal, España y Noruega, mmm Bosnia y Lituania. Todos los demás países de Europa (...) la recogen (...). Yo digo que, que no es una pena, no es una pena inconstitucional si permite a la persona ponerla en libertad una vez que se objetive queee heeee, que esa persona ya noo, mmm , se ha corregido en su comportamiento y no crea ningún riesgo a la sociedad." (MLC)

"Primero porque las veces que se ha pronunciado el Tribunal Europeo de Derechos Humanos para salvar legislaciones anteriores incluso a la convención europea de derechos humanos ha sido el caso de la Alemania el caso de Francia y determinadas legislaciones muy anteriores y que además lo que han hecho decir bueno vamos a salvarla. Dos países que ya en la década de los 60 sus respectivos Tribunal Constitucional habían matizado y habían establecido la obligatoriedad de la revisión y además con plazos tan cortos como los de Alemania que son de 15 años." (MP)

VIII.2. Tradición de la legislación española.

El primer técnico y el Magistrado progresista durante su discurso hicieron alusión a la tradición de la legislación española. Ambos demostraron que si la pena de prisión permanente no existía anteriormente era por algún motivo, ya sea por no estar bien valorada o por no encontrarla útil.

> *"yo creo que la valoración que en el mundo jurídico tiene esta pena no es demasiado buena porque no tenemos una tradición de cadena perpetua y como de pena de muerte"* (T1)

El Magistrado progresista argumenta su postura en base a hechos históricos. Éste demuestra que tras cien años en los que nuestro país ha vivido distintos periodos de dictadura, en ningún caso se ha instaurado una institución como la prisión permanente.

> *" (...) y hace un poco referencia a esto¿ no? a q es mmm es una institución desaparecida en nuestro ordenamiento jurídico y llama la atención sobre una cosa, en 1928 seee se establece una especie de código penal, esta la dictadura de Primo de Rivera, se elimina la cadena perpetua o la reclusión perpetua que había hasta entonces eee cuando llega la Segunda República en el año 31 se deroga ese ese código gubernativo del año 28 pero por supuesto se elimina no se no se en el 31 no solo se elimina eehh laa el 32 fue el código penal no sola la reclusión perpetua sino también la pena de muerte pero es que luego después de la guerra el código del 44, Franco reinstaura la pena de muerte pero no reinstaura la cadena perpetua, es decir es una institución desconocida para nosotros desde siempre (...) o sea no hacia maldita la falta que hacia una institución (M: en el siglo veintiuno) que llevamos no no y que llevamos sin ella prácticamente cien años y no ha pasado aquí nada..."* (MP).

VIII.3. Pedagogía social.

Los dos técnicos y el Magistrado progresista declaran que la sociedad está mal informada, que es necesaria una pedagogía social para que se sepa que es lo que ocurre realmente.

Ambos técnicos explican que esta falta de información se debe a una manipulación por parte de los políticos y de los medios de comunicación. Es en este punto donde la sociedad, sin argumentos contundentes y reales, es incapaz de formar una opinión crítica hacia las propuestas de reforma político-criminal.

"yo pienso que ehhh ehh no hay pedagogía sobre no no se informa no no no no hay unos cauces de conocimiento medianamente objetivo, es muy difícil, objetivo medianamente objetivo que permita conocer para que sirve el Derecho Penal que medios se utilizan, cuales son las estrategias, cuales son las alternativas, qué consecuencias tiene la prisión, cuánto cuesta, toda esta información, datos información, no hay transparencia y no, no hay una pedagogía. Entonces qué pasa, quién forma opinión de los de los del conjunto de la sociedad, quién la forman, pues los políticos, los medios de comunicación y entonces yo creo esa información pues esta sesgada y no es correcta, entonces como van a opinar respecto a esta pena pues como han opinado en otros casos, pues con esa información que sesgada sino falsa" (T1)

"Yo creo que, matizando un poco lo que decía anteriormente, yo creo que también los ciudadanos, si son ehh.. adecuadamente informados, esto es un poco la idea también de cuando el ciudadano tiene una información suficiente, cuando se puede debatir, cuando escucha expertos, cuando, una cosa es la opinión que se tiene previa sin información y otra es la infor, la que se tiene después de haber discutido, después de haber pensado, entonces yo lo que claro, oo.. mm. Quizás lo lógico, como de cualquier otro tema, es como si nos pusiéramos a opinar sin conocimiento de cuál es la respuesta que debemos dar a problemas de salud pública". (T2)

Sin embargo, el Magistrado progresista relaciona la falta de pedagogía social únicamente con las penas privativas de libertad y lo que ellas representan para el individuo en sí.

"Lo que sí creo que esta la gente mal informada ohhh es de la de lo que son las penas de prisión y de la aflicción que suponen las penas de prisión." (MP)

Por tanto, tras los tres discursos, entendemos que si la sociedad fuera informada con claridad, si tuvieran conocimiento sobre esta materia, se podría crear un debate del cual se pudieran extraer medidas más eficaces.

VIII.4. Factores respecto a la opinión de esta pena.

Esta aportación del técnico dos se da tras el discurso sobre la edad y la veteranía. Consideramos importante su discurso ya que añade nuevos factores que pueden influir en la visión acerca de la pena. Estos factores estarían relacionados con la concepción del Magistrado acerca de la cultura judicial y del modelo punitivo que éstos adoptan. En resumen, el técnico introduce un nuevo factor mediador entre la discrecionalidad y la decisión final sobre qué pena adoptar.

"(...) cuales son los factores más relevantes que explican un poco el tipo de decisiones judiciales, en casos en que hay discrecionalidad, yo creo que los factores clave, a mi juicio seria de cultura judicial, por tanto, ehh un poco.. la concepción que tienen sobre la rehabilitación, la concepción que tienen sobre el castigo, yo creo que sería lo, el modelo punitivo que los jueces adoptan... es el punto clave, entonces yo diría que estos yo creo que estos serían los factores más relevantes eh para ver que posiciones adoptan.. shh entonces, de que depende estos.. el que tengan otros factores que determinen o que explican este valor punitivista o esta cultura..shhh.. pues no sé, esto habría que estudiar...si han sido antes quizás...abogados, por ejemplo, el turno o la forma de acceso a la judicatura, quizás este es un punto, eee... la edad ver si interviene, podría ser un factor como tu decías, la antigüedad en el cargo, si han estado en un juzgado de lo penal.. no sé, la asociación a la que pertenecen judicial.."
"El punto más importante es el modelo punitivo que los jueces en mente y con el cual leen la constitución, en parte". (T2)

VI

CONCLUSIONES

Después de hacer un análisis de las motivaciones que lleva al legislador a proponer la pena de prisión permanente revisable, así como de sus características y requisitos necesarios para que fuera efectiva su imposición, hemos revisado las críticas que esta ha suscitado en la comunidad jurista. Del mismo modo, pretendemos con ello tratar los elementos de debate que se ha suscitado en torno a la misma y cómo podría influir la introducción de dicha pena en las motivaciones y decisiones que debieran llevar a cabo los magistrados en su puesta en práctica.

En atención a esto, vamos ahora a tratar las conclusiones que hemos podido extraer de las entrevistas realizadas a diferentes expertos en relación a nuestras hipótesis iniciales.

En primer lugar, **confirmamos que la aparición del Anteproyecto de Ley se debe a la demanda social sobre una modificación del Código Penal**. En el apartado 6.1.2. "Demanda popular" podemos ver como se confirma en su totalidad nuestra hipótesis, ya que el Magistrado con una tendencia liberal conservadora afirma que todas las leyes de un país democrático surgen de una manifestación de la voluntad de los ciudadanos. Por otro lado, tras confirmarlo, podemos añadir que, tras analizar el resto de discursos, esta demanda se ve influenciada por los medios de comunicación, los cuales sirven como instrumento para que los políticos conozcan la demanda social y tomen las medidas que consideren adecuadas.

Sin embargo, una vez explicada la confirmación de la hipótesis, queremos hacer referencia al hecho de que el Magistrado liberal conservador es el único que afirma con rotundidad que todas las leyes deben provenir de la manifestación de la voluntad de los ciudadanos, en cambio, observamos que es el único que no hace referencia a otros inputs como los medios de comunicación. El resto de sujetos consideran que los ciudadanos están influenciados por ellos. Se trata de la agenda-setting, del proceso por el cual los medios seleccionan, presentan e inciden en temas determinados. Estos temas formarán parte de la agenda pública y, en determinadas ocasiones producirá una gran alarma social que llevará a la agenda política a actuar, creando nuevas leyes y/o reformas. Por tanto, como conclusión sacamos la idea de que los medios deberían informar de una manera más objetiva, sin distorsionar, en este caso, la realidad criminal.

Además, añadir que, tal y como menciona el Magistrado progresista, la víctima tiene un papel muy importante en los casos mediáticos. Para ejemplificar este hecho que menciona el Magistrado, podemos ver en García y Peres (2009) como las víctimas han influido en reformas penales. Uno de los casos más mediáticos fue el de Sandra Palo. La presencia del padre en los medios llegó a cambiar la Ley Orgánica de Responsabilidad Penal del Menor, introduciendo la figura de la víctima como acusación particular, la cual no va a mirar por los intereses educativos del delincuente.

A pesar de que tenemos diversas opiniones respecto a esta pena, todos coinciden en que va a tener un buen recibimiento por parte de la sociedad, ya sea en mayor o menor medida, en función de la visión del ciudadano o del técnico.

Por último, decir que esta pena, a pesar de estar justificada por la necesidad de una mayor protección ciudadana, quizás, estos delitos no se adecuen con la realidad (ejemplo de terrorismo actualmente con un alto al fuego), pero tal y como afirman los dos Magistrados, no es una pena simbólica, tiene efectos instrumentales.

Respecto a la idea que planteábamos en cuanto a que **la visión de un Magistrado de menor edad podría ser más crítica con la reforma del anteproyecto en lo referente a la pena de prisión permanente, podemos observar cómo queda totalmente refutada** con los discursos que observamos en el punto 6.4 del análisis de datos. Podemos ver como ambos Magistrados están de acuerdo en que la edad es un factor importante en cuanto a la tendencia jurídica y la opinión que les merece dicha reforma pero en sentido totalmente contrario al que nosotras apuntamos en un primer momento. Es decir, ambos relatan que cuanto mayor es la edad del magistrado mayor será la crítica que les merezca la reforma en cuestión. Por otro lado, los dos expertos están de acuerdo en que no pueden pronunciarse a ciencia cierta sobre dicha relación. Así, deducimos que, a pesar de que nuestra hipótesis quede refutada, la introducción de la variable edad como un factor importante a tener en cuenta es un acierto.

En tercer lugar, podemos **confirmar la hipótesis sobre la influencia de la ideología política de los Magistrados en la valoración sobre la constitucionalidad del Anteproyecto.** Es cierto que existe una confrontación entre T2-MLC y T1-MP, pero tras analizar los discursos, podemos deducir que todos opinan que sí que influye, ya sea total o parcialmente.

Aquellos que afirman que sí que influye rotundamente lo hacen diciendo que la ideología es lo que te hace defender una posición u otra. En cambio, los que dicen que no influye, hablan de un aspecto más amplio de ideología, pero aún así se entiende que la ideología política está dentro de este aspecto, influyendo de un modo más o menos directo. Es interesante enfatizar que ambos técnicos tienen opiniones diferentes respecto a la constitucionalidad de la pena, mientras que el T1 (jurista) considera que sí que influye la ideología, el T2 (criminólogo) entiende que la ideología política no influye directamente.

Creemos conveniente destacar el hecho de que el Magistrado liberal conservador no considere que se trate de una influencia de la ideología política, en cambio, tal y como podemos observar, es el único que opina que no existe inconstitucionalidad en esta pena, mientras que el resto de entrevistados con ideología progresista la consideran inconstitucional.

El T1 y el MP añaden que deberían revisarse algunas de las medidas del Anteproyecto de Ley, ya que la Constitución es interpretable, por lo tanto, si hay numerosos argumentos que ponen en cuestión la constitucionalidad deberían revisarse los límites que está marcando, como también añade el T2.

En cuanto a la **opinión que les pueda suscitar a los Magistrados el debate acerca de si la pena de prisión permanente revisable respeta o no el Principio Constitucional del artículo 25.2**, por el que las penas deben estar orientadas a la resociabilización y reinserción del individuo, vemos que **efectivamente dicha opinión se encuentra influenciada por sus diferentes tendencias ideológicas**. Esto podemos verlo claramente reflejado en el hecho de que mientras que el Magistrado que pertenece a la Asociación Profesional de la Magistratura, opina que en realidad este medio de reproche penal evitará que los condenados por delitos especialmente graves que no hayan conseguido rehabilitarse y de los cuales se pueda deducir que serían un potencial riesgo para la sociedad[11], vuelvan a vivir en sociedad, y apunta a que dicha rehabilitación aunque pueda producirse tardíamente, se dará inevitablemente con la pérdida del vigor criminal debido al envejecimiento de la persona.

Por otro lado, el Magistrado de carácter progresista, tiene una visión totalmente opuesta, por la cual defiende que un individuo privado de libertad y sometido a un régimen especial de vida durante como mínimo 25 años, conllevaría una nula adaptación de este a la vida en sociedad, y que aunque se llegue a reeducar a dicho individuo, va a ser muy difícil motivarlos para que sigan un tratamiento adecuado en prisión[12]. En cuanto a las aportaciones que hacen los técnicos de la influencia que puede tener la tendencia ideológica de los magistrados a la hora de valorar la controversia que sugiere el debate sobre el art. 25.2 CE, debemos descartarlas debido a la contraposición de los discursos de uno y otro, por

---

[11] Ver apartado de análisis de datos, punto VI.VI.4

[12] Ver apartado de análisis de datos, punto VI.VI.4

lo que no resultan determinantes[13].

Refiriéndonos ahora a la primera pregunta metodológica que planteábamos respecto a la confrontación entre el articulo 25.1 C.E y la indeterminación de la pena de prisión permanente revisable, nos encontramos ante la imposibilidad de dar una respuesta clara. Esto se debe a que la opinión de los dos magistrados entrevistados difiere claramente en cuanto a la consideración de esta pena como indeterminada.

Por un lado, los discursos del magistrado de ideología liberal conservadora presentados en el punto 6.6.3.I, se encaminan hacia que la existencia de una revisión de condena marca un mínimo de cumplimiento y por lo tanto no podemos hablar de indeterminación. En el momento en el que no se considera una pena indeterminada, queda totalmente eliminada la posibilidad de una confrontación con el mencionado artículo de la Constitución.

Por otro lado, el Magistrado de carácter progresista manifiesta que la inexistencia de un límite máximo podría constituir una vulneración de los derechos del interno. Podemos unir esta idea con la que presenta el técnico número uno, el cual opina que dicha indeterminación podría constituir una vía para que se pudiera considerar la inconstitucionalidad.

Podemos concluir que, a pesar de no poder dar respuesta a nuestra pregunta, la tendencia sugiere que dicha confrontación podría existir y que sería un factor influyente para, en primer lugar, determinar su inconstitucionalidad y, en segundo lugar, plantear problemas en el momento de la aplicación.

Para responder ahora a nuestra **segunda pregunta metodológica**, referente a la **influencia de la edad en la percepción de la existencia de trato inhumano o degradante en la pena de prisión permanente**, nos encontramos, en primer lugar, con un el **problema que nos plantea la imposibilidad de haber alcanzado el punto de saturación informativa** incluso el de no haber podido realizar entrevistas a cada uno de los perfiles de nuestro casillero tipológico. Es decir, los perfiles entrevistados pertenecen a un mismo rango de edad y, por lo tanto, no conocemos la opinión del resto de franjas de edad es por ello por lo que no podemos dar

---

[13] Ver apartado de análisis de datos, punto VI.VI.2

respuesta a nuestra pregunta metodológica número dos.

A pesar de no poder establecer una relación directa con la edad, podemos mencionar que el magistrado de carácter progresista se muestra partidario de existencia de un trato inhumano y degradante de la pena de prisión permanente revisable. En la misma línea se pronuncian ambos técnicos. En cambio, el magistrado de carácter liberal conservador no se posiciona claramente ante el carácter inhumano o degradante de la pena, pero a pesar de ello hace referencia a que quizás el TC deberá encargarse de la cuestión de proporcionalidad en alusión a dicho carácter.

Nuestra última pregunta metodología, en la cual nos preguntábamos si influiría y de qué manera la experiencia en el cargo en la sensibilidad de la pena de prisión permanente revisable podemos confirmar que sí variará.

Ambos Magistrados afirman que la dirección de la relación en la misma que la que sigue la variable edad, es decir, una mayor experiencia en el cargo conllevará una mayor sensibilidad ante la aplicación de la pena de prisión permanente revisable.

Podemos ver como el Magistrado de carácter progresista realiza una mención especial a la experiencia personal. Es decir, la imposición de penas muy elevadas hace tomar conciencia de la aflicción que esto puede suponer para el individuo y, por lo tanto, en cuanto a la decisión de imponer una pena de prisión permanente revisable será más sensible a la misma.

Los técnicos también se muestran de acuerdo con la existencia de dicha relación y en el mismo sentido que los magistrados. Destacando el segundo técnico que cree que para afirmarla con seguridad necesitaría confirmación empírica.

VII

DISCUSIÓN

Creemos importante mencionar que en el transcurso de nuestro trabajo de campo y análisis, han surgido debates que no habíamos tenido en cuenta y de los cuales sería interesante realizar un análisis futuro acerca de cómo estos, podrían influir en la posible aplicación de la pena de prisión permanente revisable.

Dichos debates, enumerados en el punto 6.8 del apartado de "Análisis de datos", se refieren, en primer lugar, a la comparación que hacen algunos de los entrevistados de la pena de prisión permanente revisable que propone el Anteproyecto de Ley, con las ya existentes en otros países de nuestro entorno. El debate surge ante el hecho de que mientras algunos discursos apoyan la idea de que otros países de carácter democrático, ya contienen en su ordenamiento jurídico una pena de la misma naturaleza, otros discursos defienden que aunque estos países la contengan, los periodos de revisión son muy inferiores a los propuestos en España.

Otro de los debates que sería interesante ampliar, se basa en la tradición legislativa de nuestro país, por la cual hace más de un siglo que no se ha practicado la pena perpetua, aun habiendo sido escenario de distintos periodos de dictadura. Creemos que una mayor profundización del porqué no se ha concebido instaurar una pena de estas características hasta llegados al año 2012, sería sino menos, un objetivo atractivo.

Por otro lado, nos hemos encontrado que todos los expertos apoyan la idea de que es necesario llevar a cabo un esfuerzo por parte de todos los miembros del campo jurídico, para hacer llegar un conocimiento adecuado a la población de las características del derecho penal y las garantías que este nos ofrece, y concienciar de a las masas de las repercusiones que tiene para la vida de un individuo el paso por una prisión, llegando con ello a una idea más consensuada de la proporcionalidad que deben tener las penas entre retribución derivada del delito y rehabilitación. Es por ello que tal vez, pudiera hacerse hincapié en como los medios de comunicación influyen en realidad en la percepción de proporcionalidad delito-castigo que tiene la población.

Por esta línea, han surgido también otros elementos que podrían influir directamente con la opinión que le merezca a un Magistrado esta pena, y de cómo procedería en el caso de ser su posible su aplicación para un caso. El primer factor sería la discrecionalidad como elemento medidor para el segundo factor, que sería la decisión final de cómo proceder y las medidas a adoptar. Por lo comentado, estos factores podrían tenerse en cuenta en la elaboración de futuras hipótesis.

REFERENCIAS BIBLIOGRÁFICAS

Acale , M. (2013). *Estudio crítico sobre el anteproyecto de reforma penal de 2012.* Valencia: Tirant lo Blanch.

Anteproyecto de Ley Orgánica, del 22 de octubre del 2012, por la que se modifica la Ley Orgánica 10/1995, de 23 de noviembre, del Código Penal.

Cid, J., y Larrauri, E. (2001). La escuela clásica. En *Teorías criminológicas (34-38).* Barcelona: Bosch.

Cortés, V. y Moreno, V. (2013) *Introducción al Derecho Procesal.* (7ª ed.). Valencia: Tirant lo Blanch.

Convenio Europeo para la protección de los Derechos Humanos y de las Libertades Fundamentales. Adoptado por el consejo de Roma, el 4 de noviembre del 1950. [Consultado, 12 octubre, 2013]. Disponible en:http://enclase.defensordelpueblo.es/MaterialDocumental/ConvenioE uropeoProtecDDHH.pdf

Cuerda, A. (2012). Inconstitucionalidad de la prisión permanente revisable y de las penas muy largas de prisión. *Otrosí,* Núm12. Octubre-Diciembre.

Curbet, J. (2010). *El rei nu: un anàlisi de la (in)seguretat ciutadana. Girona*: CCG edicions.

España. Ley Orgánica 10/1995, de 23 de noviembre, del Código Penal. *Boletín Oficial del Estado*, de 24 de noviembre de 1995, núm 281.

España. Constitución Española. *Boletín Oficial del Estado*, de 29 de diciembre de 1978, núm. 311.

España. Ley Orgánica 6/1985, del 1 de julio, del Poder Judicial. *Boletín Oficial del Estado*, de 2 de julio de 1985, núm 157.

España. Ley Orgánica 7/2003, del 30 de junio, de medidas de reforma para el cumplimiento íntegro y efectivo de las penas. *Boletín Oficial del Estado,* de 1 julio de 2003, núm

Estatuto de Roma de la Corte Penal Internacional, del 17 de julio de 1998. [Consultado, 12 octubre, 2013]. Disponible en: http://www.derechos.net/doc/tpi.html

García, M., y Peres, L. (2009). Agenda de los medios y agenda política: un estudio del efecto de los medios en las reformes del Código penal espanyol entre los años 2000 y 2003. *Revista de Derecho penal y criminologia*, 3, 1, 261-290.

Garrido, V., Stangeland, P., y Redondo, S. (2006). El delito como elección. En *Principios de Criminología (3ª ed.) (200-201)*. Valencia: Tirant lo Blanch.

Hidalgo, S. (2013). Estudio jurídico-social sobre la prisión permanente revisable en España. *La Toga, Enero-Abril 2013,* nº187, 18-20.

Informe al Anteproyecto de Ley Orgánica por la que se modifica la Ley Orgánica 10/1995, de 23 de noviembre, del Código Penal, elaborado por el Consejo General del Poder Judicial a fecha 16 de enero de 2013.

Melià, C. (2006). *De nuevo: ¿Derecho penal del enemigo?*. En Jakbs, G-Melià, C. Derecho penal del enemigo. 2ª edición. Madrid: Civitas.

Muñoz, C., y García, M. (2010). El Derecho penal subjetivo. *Derecho Penal Parte General. (8ª ed.) (83-85).* Valencia: Tirant lo Blanch.

Ríos, J. (2013). La prisión perpetúa en España: Razones de su ilegitimidad ética y de su inconstitucionalidad. San Sebastián: Gakoa Liburuak. [Consultado 12, octubre, 2013]. Disponible en: http://tokata.info/wp-content/uploads/2013/09/prision_perpetua.pdf

Rodríguez, G. B. (2003). Una práctica profesional en movimiento: los jueces españoles (Vol. 230). *"Institut de ciències polítiques i socials".*

Stella, L. (2012). Privatización de las cárceles colombianas. *Ensayo científico requisito para obtener el título de especialista en Alta Gerencia de la Defensa y la Seguridad Nacional.* [Consultado 12, octubre, 2013]. Disponible en: http://repository.unimilitar.edu.co/bitstream/10654/9201/1/MenaLuzSte lla2012.pdf

Téllez, A. (2004). La reforma del Código Penal y sus implicaciones penológicas. *La ley penal: revista de derecho penal, procesal y penitenciario,* (1), 30-50.

77

ANEXOS

Anexo 1: Árbol tipológico

Anexo 2: Relación de índices y subíndices análisis

6.1. Presión social – Creación de leyes.

6.1.1. *Medios de comunicación.*

6.1.2. *Demanda popular.*

6.1.3. *Partidos políticos.*

6.2. Percepción social – Prisión permanente revisable.

6.2.1. *Positiva.*

6.2.2. *Negativa.*

6.3. Prisión permanente revisable – Carácter simbólico.

6.3.1. *No simbolismo.*

6.3.2. *Sí simbolismo.*

6.4. Edad – Tendencia jurídica.

6.4.1. *Existencia de relación.*

6.4.2. *Término medio.*

6.5. Veteranía – Opinión sobre pena de prisión permanente revisable.

6.6. Inconstitucionalidad.

6.6.1. *General.*

  I. Inconstitucionalidad.

  II. Constitucionalidad.

6.6.2. *Influencia de la ideología política.*

I. No influencia.

II. Sí influencia.

6.6.3. *Relación con la indeterminación de la pena.*

I. De acuerdo.

II. En desacuerdo.

6.6.4. *Reinserción – Resocialización.*

I. Indeterminación de la pena. Visión negativa.

II. Indeterminación de la pena. Visión positiva.

III. Proporcionalidad de la pena.

IV. Legislación actual.

V. Habilidades sociales

6.6.5. *Compatibilidad con principio de humanidad.*

6.7. Tercer grado y posible vulneración de derechos.

6.7.1. *Efectiva vulneración de derechos.*

6.7.2. *No vulneración de derechos.*

6.7.3. *Tribunal competente.*

6.8. Otros.

6.8.1. Comparativa europea pena de prisión permanente revisable.

6.8.2. *Tradición de la legislación española.*

6.8.3. *Pedagogía social.*

6.8.4. *Factores respecto a la opinión de esta pena.*

El libro *La pena de prisión permanente revisable: Anteproyecto de ley español*, se terminó de editar el 30 de junio de 2012, publicándose en julio del 2014, y poniéndose a comercialización en formato digital y en impresión bajo demanda en Amazon.com, Criminólogos.eu y Crimibooks.com.